AF403764

PROCÈS

DU

DROIT D'ASSOCIATION,

SOUTENU ET GAGNÉ EN DÉCEMBRE 1832,

PAR LA

SOCIÉTÉ DES AMIS DU PEUPLE.

PRIX : 75 CENT.

PARIS,

ROUANET, LIBRAIRE, RUE VERDELET, N° 6,

(Près la Grande-Poste aux Lettres);

CHAUMEROT, PALAIS-ROYAL, GALERIE D'ORLÉANS,

ET TOUS LES MARCHANDS DE NOUVEAUTÉS.

1833

Paris.—Imprimerie de Auguste MIE, rue Joquelet, n. 9,
place de la Bourse.

LES MEMBRES DE LA SOCIÉTÉ DES AMIS DU PEUPLE

A leurs Concitoyens.

———◦◦◦◦———

Appelés les premiers, depuis notre jeune révolution, à défendre un droit par lequel sont résumés et garantis tous les
autres, nous venons offrir à nos concitoyens le compte-rendu
de ce débat, que nous osons appeler mémorable, en ce qu'il
constate un grand pas fait vers la liberté. C'est en vue du pays
seul que le droit d'association a été plaidé par nous; c'est le
pays qui, par son verdict, vient d'en légaliser l'exercice; c'est
à lui aussi qu'il doit profiter.

LES TREIZE PRÉVENUS PRÉSENSAUX DÉBATS,

Au nom de tous leurs collègues.

ORDRE DES MATIÈRES.

PROCÈS

DU DROIT D'ASSOCIATION.

⸻⟨◈◈◈⟩⸻

AUDIENCE DU 15 DÉCEMBRE 1832.

Président : **M. SILVESTRE FILS.**

Conseillers : **MM. DUVERGÈS ET BOISSIEU.**

M. TARDIF, *avocat-général.*

JURÉS.

Les citoyens :

1.—**FENET**, Pierre-Antoine, avocat à la cour royale, rue des Grands-Augustins, n. 11, *chef du jury*.

2.—**BARRIER**, Antoine, fabricant de châles, rue Bourbon-Villeneuve, n. 15.

3.—**HOTTOT**, pharmacien, rue du Faubourg-St-Honoré, n. 21.

4.—**BLANC**, Joseph, quincaillier, rue St-Martin, n. 30.

5.—**GIZET**, parfumeur, Palais-Royal, galerie de Pierre, 133-131.

6.—**BUFFEL**, Alexis, chef de bureau à la préfecture de la Seine.

7.—**BRACQUEMARD**, Louis, maire de Dolombes, à Colombes. (St-Denis.)

8.—**CARDIN**, Charles, entrepreneur de broderies, rue Mauconseil, o. 12.

9.—**DENISE**, marin, avoué, rue de Fourcy, n. 8.

10.—**GRILLET**, Pierre-Antoine, marchand de toiles, rue du Sentier, n. 18.

11.—**RENAUD**, J.-Jacques, chef d'escadron, à la Chapelle, Grande Rue n 56.

12.—**GRENET**, Cyprien, ancien notaire et propriétaire, rue des Batailles, n. 16, à Chaillot.

PRÉVENUS.

Les citoyens :

1.—**SUGIER**, François, agé de 45 ans, avocat, né dans le département du Puy-de-Dôme.

2.—**RITTIEZ**, Jean-François, agé de 28 ans, avocat, né à Verdun.

3.—**CAUNES**, Auguste, rentier, agé de 48 ans.

4.—**ROCHE**, Achille, homme de lettres, aujourd'hui à Moulins.

5.—**BERRIÉ-FONTAINE**, Camille-Louis, interne à l'Hôtel-Dieu, agé de28 ans.

6.—**CAVAIGNAC**, Louis-Godefroi, licencié en droit, agé de 32 ans, né à Paris.

7.—**GABOUR**, agé de 25 ans, homme de lettres, né à Grenoble.

8.—**DESJARDINS**, Guillaume, agé de 40 ans, propriétaire.

9.—**AVRIL**, Félix, étudiant en droit, né à Nanterre, agé de 23 ans.

10.—**BONIAS**, Henri, agé de 32 ans, homme de lettres, né à Salons. (Bouches-du-Rhône.)

11.—**RASPAIL**, François-Vincent, agé de 37 ans, naturaliste, né à Carpentras. (Vaucluse.)

12.—**JUCHAULT**, Alexandre, agé de 22 ans, étudiant en droit, né à Chantonay. (Vendée.)

13.—**GAUSSURON-DESPRÉAUX**, Pierre, agé de 31 ans, homme de lettres, né à Toulouse.

14.—**DELAMARRE**, agé de 26 ans, chirurgien.

15.—**PLAGNIOL**, Eugène, agé de 37 ans, homme de lettres, né à Serrières. (Ardèche.)

16.—**PLOCQUE**, avocat, agé de 28 ans, né à Paris.

17.—**CARRÉ**, avocat, agé de 32 ans, né à Montereau, (Seine-et-Marne.)

18.—**RILLIEUX**, Norbert, agé de 26 ans, ingénieur, né à la Nouvelle-Orléans.

19.—**TRÉLAT**, Ulysse, agé de 37 ans, médecin, né à Montargis.

Tous membres de la *Société des Amis du Peuple.*

AVOCATS DES PRÉVENUS.

Les citoyens **LANDRIN**, **DUPONT**, **BOUSSI** et **REBEL**.

L'importance de la question qui va s'agiter devant le jury a de bonne heure attiré une foule nombreuse. Bien que l'affaire ait été classée à la deuxième section, l'on a réservé pour la solennité de ces débats la première salle des assises plus commode et plus vaste. Les parens et les amis des prévenus, des dames, des journalistes, des avocats, des patriotes de toutes les classes, remplissent les bancs occupés d'ordinaire par les témoins et l'enceinte du prétoire. Comme dans les autres procès de la société des *Amis du peuple*, la force armée garde avec soin toutes les issues. On ne pénètre par l'escalier latéral que sur un ordre signé du président.

A onze heures moins un quart le tirage du jury est terminé. Les prévenus présents au nombre de 13, savoir : Sugier, Rittiez, Caunes, Berrié-Fontaine, Cavaignac, Gabour, Desjardins, Félix Avril, Gaussuron-Despréaux, Delamarre, Plagniol, Ploque et Carré, prennent place dans la tribune des accusés, dans l'ordre désigné par l'arrêt de renvoi. Six prévenus font défaut, ce sont : Juchault, qui habite Poitiers ; Rillieux, depuis un an en Amérique ; Trélat, qui rédige à Clermont le *Patriote du Puy-de-Dôme* ; Roche, rédacteur du *Patriote de l'Allier* : Bonias et Raspail, détenus tous deux en la prison de Versailles.

MM. les jurés prêtent serment.

Le président. Je dois faire observer avant de commencer que j'ai fait entrer toutes les personnes dont l'introduction a été réclamée. Je compte sur la tranquillité. Au plus léger trouble, au moindre signe d'approbation ou d'improbation, nous avons les moyens de faire évacuer la salle. J'ajouterai, en outre, que c'est contre mes avis que les prévenus se sont placés sur le banc des accusés habituels.

Rittiez. Nous réitérons ici ce qui a été déjà dit par nous dans la chambre du tirage. Deux de nos collègues, Caunes et Gabour, viennent d'être extraits de Ste-Pélagie. Les gendarmes doivent rester auprès d'eux, il est de notre devoir de ne pas les abandonner.

Le président. A l'égard des prévenus absens, la cour, à la fin de l'audience, vérifiera, par les pièces du dossier, si la notification leur a été faite assez à temps pour qu'ils aient pu se trouver aujourd'hui à Paris.

Félix Avril. L'un d'eux est à dix-huit cent lieues d'ici ! (On rit.)

Le président continuant : Et pour ce qui concerne Raspail et Bonnias, il est déjà consigné au procès-verbal qu'ils ont eux-mêmes formellement refusé de se rendre.

Plusieurs prévenus. Ils ont refusé parce qu'on voulait les conduire les fers aux mains. (Sensation dans l'auditoire.)

Le greffier donne lecture de l'acte de renvoi, dont voici l'extrait :

COUR ROYALE DE PARIS.

Chambre des mises en accusation.

« En décembre 1831, le Procureur du Roi près le tribunal de « la Seine fut informé que des individus, composant la *société des* « *Amis du peuple,* se réunissaient rue de Grenelle-Saint-Honoré, « dans le local du Tivoli d'Hiver, à certains jours marqués, pour « s'occuper d'objets politiques sans avoir obtenu l'agrément du « gouvernement.

» Ce fait constituant un délit prévu par l'article 291 du code « pénal, il déclara rendre plainte contre les présidens, chefs, direc- « teurs et administrateurs de ladite société, requit qu'il en fût in- « formé et qu'un des juges d'instruction se transportât au local dé- « signé pour faire fermer ledit établissement.

« En effet, le 16 février 1832, un juge d'instruction et le Pro- « cureur du Roi, accompagnés de deux commissaires de police, « se transportèrent rue de Grenelle-Saint-Honoré, n° 45, et il est ré- « sulté du procès-verbal dressé sur les lieux, et des saisies de papiers « opérées, que des individus prenant la qualité de membres de la « société des Amis du peuple, au nombre de plus de vingt personnes, « se réunissaient sans l'agrément du gouvernement, à certains jours « marqués, dans ce local, pour s'occuper d'objets politiques.

» Au nombre des individus composant ces réunions, qui étaient « souvent de plus de 400 personnes, se trouvaient : (suivent les « noms des dix-neuf prévenus.) Ce sont eux que l'instruction dé- « signe comme ayant été les chefs, directeurs ou administrateurs « de cette association.

» Par ordonnance de la première chambre du tribunal de pre- « mière instance du département de la Seine, *tous* les membres de la « société dite des Amis du peuple et *notamment* les sus-nommés ont « été mis en prévention d'avoir été chefs, directeurs ou administra- « teurs de ladite association, et de s'être réunis au nombre de plus » de vingt personnes, et à certains jours marqués, dans le but de « s'occuper d'objets politiques, sans avoir obtenu l'agrément du « gouvernement. »

4

« La cour , après avoir délibéré :

« Considérant qu'il existe prévention snffisante contre les susdits
« François Sugier, Rittiez, etc. , d'avoir, en 1831 et 1832, été
« les chefs , directeurs ou administrateurs d'une association de
» plus de vingt personnes.

« Vu le rapport, le réquisitoire et les conclusions présentées par
« M. Didelot, substitut du procureur général.

« Vu les articles 291 et 292 du conde pénal et de la loi du 8 oc·
« tobre 1830.

« Renvoie les susnommés devant la cour d'assises du départe-
de la Seine , pour y être jugés suivant la loi.

» Ordonne que le présent arrêt sera exécuté à la diligence du
» procureur-général.

« Fait au Palais du Justice à Paris, le vingt-cinq septembre 1832,
« en la chambre du conseil, où siégaient MM. Brière-Valigny, pré-
« sident, etc. »

Les prévenus ne voulant repousser aucun dés faits mentionnés par l'accusation, n'ont point fait appeler de témoins justificatifs.

Les témoins cités à la requête du Ministère public sont les sieurs Franchizetti et Michallet, le premier concierge, et le second principal locataire
de la maison, n° 45, rue de Grenelle-Saint-Honoré.

L'huissier les fait retirer dans la chambre des témoins, après quoi le
président procède à l'interrogatoire des prévenus.

INTERROGATOIRE DES PRÉVENUS.

Le président à Sugier. Vous avez appartenu à la *Société des Amis du
Peuple?* — R. Oui, Monsieur, lorsqu'elle se réunissait rue de Grenelle-Saint-
Honoré, j'y fus admis. — D. L'avez-vous présidée? — R. Oui, dans le courant
de l'année 1831 je l'ai présidée, quatre ou cinq séances. — D. Se réunissait-
on au nombre de plus de vingt, et parlait-on politique? — R. Oui, Monsieur, et nous avons en cela usé d'un droit que l'art. 291 ne détruit pas, ou
plutôt nous pensons que cet article a cessé d'exister par le seul fait de la
révolution. — D. Se réunissait-on à des jours marqués? — R. Ma réponse à
cet égard fera partie de ma défense, maintenant je n'ai rien à dire.

Le président. Ici je dois avertir que diverses pièces sont jointes au dossier, pour servir de renseignemens. Il résulte de plusieurs d'entre elles que
les doctrines professées par cette société ont été plus d'une fois condamnés par le jury.

Me Dupont. Je prierai M. le président de dire où l'on veut en venir avec
ces pièces. Nous ne sommes pas traduits devant les jurés pour répondre sur
des doctrines, mais sur la question d'association.

Le président. J'ai eu le droit de soumettre ces pièces au jury ; car
indépendamment de la matérialité du fait, les jurés ont à apprécier sa
moralité.

Un juré. C'est ce qu'il importe d'éclaircir. Je demande donc positive-
ment si, dans les questions qu'on nous soumettra, nous aurons à répondre
soit sur la moralité de l'art. 291, soit sur les doctrines de la société.

M. Tardif, avocat général. Pour moi, je le déclare; je n'entends parler
que du fait matériel de l'association. Je ne me servirai d'aucune pièce rela-
tive aux doctrines des *Amis du Peuple.*

Carré. Si l'on veut de nouveau mettre en cause nos principes, qu'on nous
rouvre le débat à ce sujet, nous ne demandons pas mieux : mais il est une
circonstance que M. le président semble n'avoir présentée aux jurés que

pour nous nuire et sur laquelle j'insiste. Messieurs, il n'est point vrai que le jury ait condamné nos doctrines. Dans le procès des quinze et dans ceux qui l'ont suivi, les prevenus ont été déclarés non coupables, et si l'on a condamné Bonias, Raspail, Gervais et autres amis du peuple, c'est en dehors de la décision du jury, et pour les paroles énergiques qu'ils ont fait entendre à l'audience.

D'autres prévenus ajoutent encore quelques paroles dans le même sens.

Le président à Rittiez. De combien de membres se composaient vos réunions? — R. De 400 membres titulaires. Quelquefois nous amenions nos amis et nous étions 2,000. Nous avions des séances plus nombreuses encore et pour lesquelles la salle était trop petite; mais jamais nous n'avons eu d'époques fixes pour nos réunions. — D. Aviez-vous quelqu'emploi particulier dans la *société?* — R. J'y ai été secrétaire.

Caunes déclare avoir fait partie de la *Société des Amis du Peuple* depuis son établissement, mais n'y avoir jamais rempli de fonction.

Berrié Fontaine répond qu'il a plusieurs fois été élu au secrétariat de la *société.*

Le président à Cavaignac. La société ne s'occupait-elle pas de matières politiques? — R. Essentiellement.

D. Vous avez été président? — Oui, M. le président, mes fonctions viennent d'expirer.

D. Savez-vous si la société avait des affiliations en province? — R. Oui, M. le président.

D. En effet on a saisi chez vous des lettres relatives à ces affiliations, je vais en donner lecture à la cour, et vous les expliquerez.

Le président donne lecture de plusieurs lettres adressées à divers membres correspondans de la société; d'eux d'entre elles sont adressées à des citoyens de l'île de Corse.

Cavaignac. J'avoue que nous mettions toute l'activité possible à étendre les ramifications d'une société que nous croyions utile, et que nous jugions bonne.

D. Avez-vous quelques observations à faire? — R. Je n'ai pas pris part aux débats qui se sont élevés tout à l'heure, parce que je trouve tout naturel que lorsque tous les membres d'une société sont en cause, son esprit soit en cause aussi; mais je pense, et je dis sans vouloir attaquer les intentions de M. le président, qu'il y avait une manière plus impartiale de rappeler cet esprit; c'était d'en parler indépendamment des arrêts qui peuvent produire une impression défavorable sur l'opinion de MM. les jurés. D'autant, comme vous l'a dit un de nos amis, que ces arrêts n'ont jamais directement porté sur notre enseignement politique.

Le président. Désirez-vous ajouter quelque chose au sujet de la périodicité de vos séances?

Cavaignac. L'article du code qui interdit cette périodicité, étant à nos yeux comme non avenu, nous n'avons pas cru devoir en prendre souci. Il nous importe peu qu'il y ait eu ou non périodicité; mais si vous m'engagiez à rappeler mes souvenirs, je dirais, sans toutefois l'affirmer, qu'elle n'a existé intentionnellement, du moins, que pour les réunions du bureau toujours composé de moins de quinze personnes.

Le président. Les registres de location de la salle et une lettre que je vais produire, signée du prévenu Avril, attestent qu'il y a eu aussi périodicité pour vos réunions générales.

Cavaignac et plusieurs autres prévenus. C'est possible.

Gabour n'a rien à dire qui lui soit propre sur sa coopération aux travaux de la *Société.* Il ajoute seulement qu'avant d'en être à Paris membre titulaire il faisait partie à Grenoble d'une réunion d'affiliés, et que chaque jour l'opinion républicaine prend force et crédit dans les départemens.

Le président à Desjardins. Vous avez quelquefois présidé la Société des Amis du peuple? — R. J'ai eu effectivement cet honneur dans quelques occasions difficiles, dans des temps où le fauteuil n'était pas, je puis vous l'assurer, une sinécure. Mais quant à la qualité de président que me donne l'accusation, c'est à elle de prouver que ce titre m'ait appartenu.

Félix Avril déclare de prime-abord avoir été fort long-temps secrétaire de la *Société.* Le président envoie par un huissier aux prévenus la lettre du citoyen Avril, consignée au dossier, afin que chacun d'eux en prenne connaissance.

Le président. Prévenu Avril, par cette lettre saisie dans les papiers d'un de vos collègues, vous convoquez tous les membres de votre société à une réunion qui devait avoir lieu le vendredi d'après, en les avertissant qu'à l'avenir on s'assemblera régulièrement tous les vendredis sans avis préalable. Qu'avez-vous à dire? — R. J'ai examiné la lettre, la signature est bien de moi, mais le corps de l'écriture m'est totalement étranger. Nous le répétons, nous ne cherchons nullement à échapper aux conséquences de la périodicité. Mais on finira par nous convaincre qu'elle n'a pas existé si on continue à vouloir l'établir par des pièces aussi suspectes.

Plagniol. Il n'y a que cela dans le dossier.

Le président à Gaussuron-Despréaux. Prévenu, qu'avez-vous à dire sur les faits qui vous sont imputés? — R. C'est à vous à m'interroger. — D. Je n'ai point de question particulière à vous faire. — R. Je vais donc m'expliquer sur les faits généraux. L'arrêt de renvoi nous gratifie tous du titre de *directeurs.* Treize que nous sommes sur ces bancs et six autres qui n'y sont pas, en tout dix-neuf directeurs. Quoi donc! notre association qui n'est que de 400 personnes en nécessiterait tout autant lorsque la France, il y a trente-sept ans, en eut assez de cinq pour trente-deux millions d'hommes! (On rit). Il serait bon, je crois, qu'on nous dit comment la loi et l'accusation entendent ce titre. Si l'on nous traduit ici comme chefs ou *directeurs,* dans l'acception vulgaire du mot : ayant dirigé la *Société,* l'ayant gouvernée par leurs propres décisions, je dois le déclarer, non pas pour nous soustraire à notre responsabilité, mais dans l'intérêt de nos principes républicains : La société seule est souveraine en ce qu'elle fait. Seule elle se gouverne et n'est point gouvernée, et sous ce rapport il n'y a parmi nous ni directeurs ni chefs. Nous ne pouvons vouloir l'égalité pour les autres et l'enfreindre à l'égard de nous-mêmes.

Le président. Mais vous aviez au moins un président ?—R. Oui, Monsieur. — D. Des secrétaires ? — R. Oui. — D. Un bureau, une commission de rédaction ?— R. Sans doute; j'ai même souvent fait partie de ce bureau et de cette commission. Mais, je le répète, ce président, ces secrétaires et ces commissions ne commandaient rien, ne dirigeaient rien; car nos assemblées étant essentiellement délibérantes, c'était à la majorité de faire loi. Hommes de confiance d'une association démocratique, nous venons ici répondre de ses actes; mais ce serait calomnier son esprit de prétendre que personne ait pu lui en faire subir d'autres. Nous avons à plaider pour le droit d'assosiation et non point pour un comité-directeur ni rien qui y ressemble. (Marques d'assentiment de la part des co-prévenus.)

Desjardins. Très-bien !

Gaussuron-Despréaux. Au reste le pouvoir ne doit ignorer là-dessus aucune de nos doctrines, puisque la police avait un sténographe dans nos séances.

Me Landrin. Un sténographe !

Gaussuron-Despréaux. Nous l'avions soupçonné jusqu'ici sans en être sûrs ; mais hier j'ai visité le dossier au greffe et j'ai vu plusieurs de nos séances très détaillées qui n'ont pu être rédigées que par un sténographe.

Le président à Delamarre. Vous connaissez l'arrêt de renvoi?

Delamarre. Je n'ai rien à vous dire.

Le président. Et moi rien à vous demander.

Delamarre. Je ne sais pas pourquoi je suis ici.

Le président. Ni moi non plus. (Hilarité dans l'auditoire.)

Delamarre. Nous voilà d'accord.

Le président à Plagniol. Prévenu Plaigniol, j'ai ici le procès-verbal d'une des séances de votre société qui m'indique que vous avez été président.

Plagniol. Voyons cela ! (La pièce circule de main en main sur le banc des accusés, et Plagniol dit après l'avoir examinée), cette pièce est entièrement apocryphe. On m'y donne du *monsieur Plagniol*, et comme de droit, sinon de fait, nous nous croyons citoyens, nous ne manquons jamais parmi nous de nous honorer de ce titre. Il y est dit que c'est à l'unanimité que j'ai été porté à la présidence, et jamais délibération quelconque n'a été chez nous prise à l'unanimité. Je vois ici, en outre, force fautes de français et d'orthographe. C'est une vraie rédaction de mouchard. (Approbation dans l'auditoire.)

Félix Avril. Le sténographe de la police a un peu négligé son éducation.

Plagniol. Au reste j'ai pu, par occasion, présider la société ; le premier venu des membres du bureau se trouvait invité, en l'absence du président et du vice-président, à prendre le fauteuil, et, à ce sujet, je ne dirai pas comme un de nos amis, que la société ne reconnaissait pas de chefs. Il eût été absurde qu'elle n'en eut pas.

Gaussuron Despréaux. Vivement : nul n'a pu se méprendre ici sur le sens de mes paroles. J'accepte, quant à moi, sans restriction aucune, toutes les conséquences de l'accusation ; mais elle nous applique des titres que je tiens pour aristocratiques, et comme le public juge naturellement sans commenter la loi, j'ai cru de mon devoir de les rectifier ; qu'on nous appelle donc tant qu'il plaira directeurs ou chefs ; nous devons nous dire, nous, agens ou mandataires. C'est là, j'en suis sur, l'opinion de tous nos amis.

Desjardins et Cavaignac. C'est vrai.

Plagniol. Sous ce rapport nous pensons tous de même.

Ploque. Après quelques demandes du président, répond :

Je dois dire, sur la question de savoir si nous étions administrateurs, que nous l'étions en ce sens, que nous étions des agens de la société, et, comme tels, responsables ; mais parmi nous il n'y eut jamais ni autorité ni pouvoir. Je signalerai en outre au jury une des naïvetés de l'accusation. L'arrêt de renvoi dit : *Tous* les membres de la Société des Amis du Peuple, et *notamment* les susnommés, ont été mis en prévention d'avoir été chefs, directeurs ou administrateurs. Remarquez bien ce *tous* et ce *notamment*. L'accusation désigne 400 chefs, et puis elle vient dire au jury : il n'y en a que dix-neuf ! (Sensation.) C'est qu'effectivement la société tout entière est en cause ici et que nous ne pouvons être que ses mandataires.

Carré. Je n'ai rien à dire sur ma position ; je ne fais pas si bon marché à l'accusation. Qu'elle prouve ma qualité de chef, et alors je repousserai, pour mon particulier, l'art. 291 du Code pénal, que je regarde au reste comme enseveli à jamais sous les barricades.

L'interrogatoire est terminé ; on appelle le premier témoin.

AUDITION DES TÉMOINS.

Franchizetti, concierge au Tivoli de la rue de Grenelle (avec un accent italien très prononcé). Je ne sais ce qu'on me veut, car je n'ai jamais délibéré avec ces messieurs. (On rit.) Ces messieurs payaient très bien leurs locations ; moi j'allumais les lustres et je balayais la salle. Dès que ces messieurs entraient, je sortais... et voilà. (Hilarité au banc des prévenus et dans l'auditoire.)

M. Michallet. Je suis locataire principal de la maison rue de Grenelle-Saint-Honoré ; j'ai loué mes divers locaux à toutes les sociétés, aux saint-simoniens, aux francs maçons, aux amis du peuple, à la société *Aide-toi*, composée de MM. Dupin, Guizot et autres. (On rit.) Lorsque j'ai loué à ces messieurs les prévenus, j'ai informé M. Noel, commissaire de police ; il m'a conduit à la Préfecture ; le secrétaire de M. le préfet m'a dit qu'il n'y avait pas d'inconvénient.

Ploque. Ainsi il est acquis aux débats, que le gouvernement nous a tacitement autorisés; que nous nous sommes réunis avec son agrément, puisqu'il n'y a pas vu d'inconvéniens; or, dans le cas contraire, pourquoi se fait-il qu'on ne soit pas plus tôt armé de la loi qu'on invoque aujourd'hui?

Carré. On n'avait garde! le bon plaisir est plus aisé. J'ajouterai à ce qu'a dit mon collègue, que le pouvoir reconnait tout aussi bien que nous la non validité de l'art. 291. À l'occasion d'une autre société, j'allai moi-même dans le temps trouver M. Girod de l'Ain, alors préfet de police; je lui parlai de la légalité de nos réunions, il ne la contesta pas, car il reconnaissait l'art. 291 comme aboli, mais il me répondit : Je sais que vos réunions ne sont pas illégales, *mais je veux faire de l'arbitraire.* Que M. le président cite M. Girod de l'Ain, et il ne me donnera pas de démenti. (Mouvement au banc des jurés.)

Plocque. On a apposé les scellés sur les portes de notre salle, et cet acte est une infraction au Code pénal lui-même. Il y est dit non pas : On apposera des scellés, mais : La société sera dissoute. On a pu s'appuyer d'un jugement obtenu précédemment contre nous en police correctionnelle, mais en nous consignant dans la rue avant la réunion effectuée, on faisait mépris et de la loi et de l'arrêt rendu , puisqu'on négligeait de s'assurer si l'assemblée dépassait le nombre vingt.

Félix Avril. C'est une mauvaise facétie que cet article 291.

Gaussuron Despréaux. C'est, comme le fameux article 14 de Charles X, une porte ouverte à l'arbitraire.

Le président fait suspendre l'audience un quart d'heure, après quoi le registre de location de la salle est produit devant la cour et confronté avec les procès-verbaux de l'instruction. Vérification faite, il résulte que la *Société des Amis du Peuple* s'est réunie pendant une période d'un mois tous les vendredis et ensuite deux ou trois fois régulièrement à quinze jours de distance. Le reste des réunions ne porte aucun caractère de périodicité.

M. Michallet. Ces messieurs ont pu louer pour tous les vendredis, mais la plupart du temps ils ne s'y rendaient pas.

Cavaignac. Nous ne profiterons pas de l'observation de M. Michallet; nous tenons peu à nier la périodicité des séances.

Un autre prévenu. Nous avons des droits à soutenir et non des faits à détruire.

M. *Tardif, avocat-général*, prononce son réquisitoire. Il se renferme dans le texte des articles 291 et 292 du code Pénal et s'attache à démontrer par les déclarations des prévenus et les pièces du procès la périodicité des séances de la société , et sa réunion au nombre de plus de vingt membres pour s'occuper de matières politiques indépendamment de l'aveu du gouvernement. Passant aux charges qui s'élèvent contre chacun des prévenus présens , il déclare abandonner la prévention à l'égard de tous ceux qui n'ont été reconnus par l'instruction et les débats ni comme présidens ni comme secrétaires; mais il insiste principalement sur cette prévention à l'égard de Sugier, de Cavaignac, de Carré et de Félix Avril.

Les prévenus ont la parole pour présenter leurs moyens de défense.

DÉFENSES DES PRÉVENUS.

Le citoyen Sugier, le premier inscrit sur l'arrêt de renvoi, présente une défense que nous regrettons de ne pouvoir donner littéralement à cause de sa trop grande étendue. Avant d'aborder les faits de l'accusation il croit devoir faire connaître à MM. les jurés sa profession de foi politique. Il raconte comment, élevé sous le chaume, dans les forêts de l'Auvergne, au sein des plus durs travaux du prolétariat, il s'est trouvé naturellement républicain, c'est-à-dire ami du bien-être du peuple avant même que l'étude ne vînt mûrir et corroborer l'expression de sa conscience. Depuis, à force de constance et de peine, il est arrivé sans autre appui que lui seul à la dignité d'avocat, et sa voix n'a jamais manqué ni à l'opprimé ni à la défense des principes qu'il professe. Après la révolution de juillet il a refusé d'entrer dans l'ordre judiciaire; il a mieux aimé venir à Paris pour y vivre de son talent et c'est là qu'admis dans la Société des *Amis du Peuple*, il a été vivement frappé de la pureté, du désintéressement politique et du dévouement sans arrière-pensée des membres qui la composent. Il rappelle sa condamnation à mort par contumace après les journées de juin, basée sur l'accusation la plus futile, et s'élève avec énergie contre les intrigues de la police qui, pour jeter de fâcheuses couleurs sur le parti républicain, l'avait peint aux yeux de ses collègues comme ayant abandonné leur cause et ayant cédé aux séductions du pouvoir.

Le prévenu discute ensuite le droit d'association et soutient que l'article 291 du code pénal est inapplicable. Il s'appuie principalement à ce sujet de l'opinion d'un savant jurisconsulte, M. Berville.

Rittiez se lève et prononce avec chaleur l'improvisation suivante :.

DÉFENSE DU CITOYEN RITTIEZ.

Messieurs, une des grandes surprises de ce temps si fécond en choses surprenantes, c'est assurément le procès qui se plaide devant vous. On vient invoquer contre une association qui doit son origine au 30 juillet, les dispositions d'un article créé par le despotisme de l'empire, abrogé virtuellement par la Charte de 1814, foudroyé, broyé par notre révolution de 1830 !

Comme légiste, messieurs, j'ai toujours regardé que l'abrogation de l'article 294 ne pouvait souffrir aucune sorte de controverse. L'abrogation des lois, M. l'avocat-général le sait tout aussi bien que moi, n'est pas seulement expresse et formelle, résultat obligé d'une disposition précise, écrite, suivant la filière d'une discussion législative; elle est encore virtuelle, c'est-à-dire née d'un changement complet dans les institutions, les mœurs, le principe des gouvernemens. Les lois s'abrogent encore par l'empire de l'opinion publique, quand elles tombent impuissantes et caduques devant celle-ci. C'est là ce qu'on nomme la désuétude.

S'il en était autrement, messieurs, on pourrait aujourd'hui, sous le régime d'une constitution bonne ou mauvaise, vous opposer les décrets de la tyrannie, les lois révolutionnaires, les édits même d'un autre siècle; on pourrait à l'envi prendre dans un arsenal de plus de quarante mille lois, rendues depuis nos quarante dernières années, et briser alors toutes les garanties d'un ordre constitutionnel, en se servant contre lui des instrumens contre lesquels il a lui-même été fondé.

Il n'est personne assurément qui pût accepter de telles conséquences, et cependant elles découleraient du procès qu'on nous intente aujourd'hui, si votre justice ne repoussait pas les prétentions du ministère public.

En fait et en droit, l'article 291 est abrogé ; car il est formellement opposé à la Charte. Qu'est-ce en effet, messieurs, que la liberté promise par cette Charte et à la plume et à la parole, si ce n'est la liberté de la pensée elle-même? Eh bien ! de quelque manière qu'elle s'échappe et se formule, soit par la presse, soit par la tribune, soit par les clubs, c'est toujours la pensée elle-même qui se produit au dehors libre et sans entraves. Liberté de la pensée dans les écrits et dans les discours : cette proposition renferme essentiellement liberté de s'associer. Sans celle-ci, les autres sont vaines. C'est de l'association que tout part, c'est à elle que tout doit revenir.

Et d'ailleurs cet article n'a-t-il pas eu son abrogation forcée par le changement même du gouvernement? A quelle époque a-t-il été écrit ? A une époque où le corps législatif était muet, où le sénat était muet aussi, où le seul organe à moitié indépendant, le tribunat, venait d'être suspendu, à une époque où tout se taisait devant une épée, où tout s'inclinait devant un homme.

En êtes-vous là aujourd'hui? Est-ce sur la volonté d'un seul ou sur la volonté de tous qu'est censé reposer le gouvernement? Comment donc vous demanderait-on d'appliquer des lois éteintes, dont le principe était le despotisme même, dont le but était le despotisme ?

Ces considérations de bons sens, je ne les développe pas davantage, messieurs, elles ont frappé votre esprit, car elles sont, grâce au ciel, reçues aujourd'hui comme une monnaie courante, et si bien que le doctrinaire par excellence, l'homme le plus antipathique au progrès, bien qu'il ait quelquefois prononcé ce mot, M. Guizot enfin, déclare lui-même cet article mauvais, tant la raison a d'empire sur les cœurs les plus rebelles, sur la mauvaise foi la plus obstinée !!

Je soutiens donc qu'aux yeux même du droit rigoureux, l'article 291 est abrogé. Mais je vous parle là comme légiste, et maintenant, comme citoyen, je vous déclare que cet article est impie, qu'il n'a jamais existé aux yeux de la raison et de la morale. Je vous déclare que le droit d'association qu'il proscrit est un droit de la nature, droit éternel, imprescriptible, qu'il n'a jamais été donné à aucune puissance humaine de détruire, qu'il n'a jamais été permis à aucun homme d'aliéner.

En vertu de ce droit, nous nous sommes associés : nous l'avons fait, nous le ferons encore. Nul n'y peut rien quelle que soit sa force, car *il n'y a pas de droit contre le droit.* Nous nous sommes associés le 30 juillet, après une victoire à laquelle nous n'avons pas été étrangers, et lorsque nous eussions trouvé par trop risible qu'on vînt nous pousser à demander une autorisation au gouvernement qui n'était plus ou à celui qui n'était pas encore.

Voilà donc aujourd'hui une déclaration consciencieuse et franche. Je me suis associé parce que j'en avais le droit; aux yeux même de la loi; parce que j'en ai le droit de par la loi qui prime toutes les autres. On m'accuse d'un délit, moi j'affirme que je n'en ai pas commis. Vous êtes juges non-seulement du fait, messieurs, mais de l'intention.... En homme d'honneur et de conscience je vous ai déclaré que j'userai du droit dont j'ai usé aujourd'hui. Je le ferai malgré votre condamnation, je le ferai bien mieux encore après un verdict plus juste, et je l'attends de vous. (Marques unanimes d'approbation.)

Le président. La parole est au prévenu Caunes.

Caunes. Je la cède à mes collègues.

Berrié-Fontaine fait entendre une allocution aussi courte qu'énergique et qui excite plusieurs fois les sympathies de l'auditoire. Il s'attache à faire voir toutes les ruses qu'emploie la tyrannie pour détruire la liberté, et dit que les rois, en empêchant les peuples de s'assembler et de discuter, prononcent eux-mêmes la plus terrible censure de leurs actes.

Cavaignac a la parole et s'exprime en ces termes : (Vif mouvement d'intérêt.)

DÉFENSE DU CITOYEN CAVAIGNAC.

Messieurs,

Lorsque l'attention publique appartient tout entière aux plus graves intérêts de la patrie, alors aussi que ce tribunal retentit chaque jour des accens du plus sublime courage, et que des citoyens généreux n'opposent à des réquisitoires de prison ou de mort que le laconisme de leur vertu, nous pourrions avoir scrupule de discourir longuement devant vous à propos d'une amende.

Mais si cette cause est sans péril pour nous, elle intéresse le droit le plus naturel et le plus vital de toute organisation humaine; ce droit d'association qui existe au même titre que la société tout entière; ce droit d'association, qui l'a engendrée, la perfectionne, la protége, et sans lequel rien ne marchera, travail ni lumières, civilisation ni libertés.

Nous devons donc, messieurs, en présence d'une question qui n'est pas seulement un intérêt de parti, qui n'est pas restreinte uniquement au domaine de la politique, et qui importe à tous les développemens de l'humanité, nous devons surmonter une hésitation naturelle à des hommes qui aimeraient mieux la servir par des actions que par des paroles.

C'est pour cela que mes amis et moi nous plaiderons cette cause avec autant de soin que s'il s'agissait pour nous d'une condamna tion rigoureuse; dans un procès où notre seul risque personnel est une espèce d'emprunt forcé, il nous sera facile de laisser à notre défense ce calme qui sied à la conviction. Mais aussi nous comptons qu'elle obtiendra l'attention, qui est le devoir du juge, la liberté, qui est la prérogative de l'accusé.

Messieurs, je soutiendrai d'abord devant vous que le droit d'association est, par sa nature, soustrait à la loi. De ce principe je passerai aux faits, c'est-à-dire aux avantages pratiques de l'association en elle-même. J'examinerai ensuite l'objection tirée de la législation existante. Enfin, je combattrai l'influence que pourraient exercer sur votre décision les préventions conçues contre la *Société des Amis du peuple*, et je tâcherai de tourner au profit du droit d'association l'importance que la situation présente du pays doit lui donner aux yeux d'hommes raisonnables et consciencieux. Sur tous ces points je voudrais être bref. Ce que je n'aurai pas su en dire, mes amis le diront.

Le droit d'association n'est pas une concession de la loi; il découle des deux droits, les plus naturels, les plus indépendans, et les plus féconds chez l'homme : celui de penser, celui de travailler, de produire, et par conséquent du droit d'employer le meilleur moyen possible pour faciliter et utiliser son travail, exercer et propager sa pensée.

Or, quel est le meilleur moyen? Evidemment c'est le concours de plusieurs activités, de plusieurs intelligences; c'est l'association.

Je ne sais pas si la nature a fait l'homme social par penchant et pour son avantage; je sais qu'elle l'a condamné à l'être, par son impuissance, et en n'accordant à chacun de nous qu'une certaine portion de facultés et de forces. Il n'est pas une seule chose au monde qui puisse être faite par un seul. C'est pour cela que chacun étant nécessaire, tous sont égaux. C'est pour cela aussi, messieurs, c'est parce que personne ne peut rien tout seul, que l'association, considérée en général, est non pas permise mais forcée, qu'elle est non seulement de droit naturel, mais une nécessité de nature. Le législateur qui veut en disposer à sa guise, fait une chose aussi juste, aussi praticable que s'il prétendait réglementer l'attraction qui allie les mondes.

Chaque jour vous vous portez défenseurs des idées sociales, et quand nous les pratiquons, toutes vos forces se dressent contre nous. La société nous retient bon gré malgré dans ce contrat public dont nous n'avons pu discuter les conditions, dont nous sommes forcément parties, et vous voulez que nous ne puissions, si cela vous plaît, nous unir entre nous, suivant notre choix, notre sympathie, nos convenances. Enfermés que nous sommes dans l'association générale, nous ne pourrons en quelque coin de cette enceinte nous grouper librement, former entre nous une communauté, dont nous aurons nous-mêmes établi le lien! Défenseurs de l'état social, cela est anti-social. La barbarie elle-même n'a jamais poussé jusque-là la fureur d'isoler et de dissoudre. On a dit qu'elle parquait les hommes; oui, mais ainsi elle les laissait du moins se former en troupeaux.

Cependant, dira-t-on, vous ne pouvez refuser au législateur la faculté de statuer sur le droit d'association, à moins de vous engager à prouver qu'il ne peut engendrer aucun abus. Et, par exemple, vous applaudissez certainement vous-mêmes aux lois qui abolirent les congrégations religieuses et les corporations industrielles de l'ancien régime.

Avant d'aller plus loin je réponds, quant aux corporations industrielles, qu'elles étaient non des associations spontanées d'hommes libres, mais de véritables castes de privilégiés, hors desquelles on ne pouvait exercer certaines prefessions, où l'on n'était admis qu'à certaines conditions, qui se fondaient sur l'usurpation, le monopole, l'exclusion et la contrainte. La loi, en les abolissant, n'a pas porté atteinte au droit d'association; elle a reconnu au contraire qu'elle avait eu tort de le réglementer, car c'était par son intervention que ces corporations s'étaient faites tyranniques, usurpatrices et nuisibles.

Quant aux couvens, pourquoi le législateur s'est-il trouvé ou du moins a-t-il pu se croire le droit de statuer à leur égard comme bon lui semblait? C'est que les religieux se déclaraient eux-mêmes morts à l'état social, morts civilement. Ils avaient spontanément abdiqué leur droit, leur titre de citoyen. Aussi, lorsqu'en leur personne la loi a porté atteinte à la liberté d'association inséparable de ce titre, il leur a manqué pour s'en servir. Ils s'étaient mis volontairement dans une condition, d'ailleurs fort commode, mais toute exceptionnelle, sans garantie et sans recours.

Nous, au contraire, c'est précisément en vertu du droit de citoyen que nous exerçons cette liberté, que nous la réclamons; vous le violez en nous la disputant. C'est lui que vous mettez en cause, non pas nous; c'est lui qui nous protège: nous ne l'avons pas abjuré, nous vous l'opposons.

Que si, par un exemple moins en dehors des débats, on citait les souvenirs de cette congrégation qu'on croyait et qui se crut maîtresse de tout faire en France, si l'on nous objectait que nous avons sans doute été ses plus véhémens accusateurs, nous répondrons que nous ne lui avons jamais reproché qu'une chose, savoir : qu'elle ne se produisait pas au grand jour, comme nous l'avons fait, nous. Nous l'avons toujours jugée fort mal intentionnée, et fort peu redoutable pour la liberté ; nous lui avons fait la guerre : nous ne lui eussions pas fait de procès.

En général, messieurs, nous voyons qu'on abuse beaucoup des abus. Sous prétexte qu'il n'est pas de chose humaine qui n'y soit sujette, on prétend disposer de toutes, suivant la haute sagesse du jour. De même qu'il n'est pas un seul de nos organes qui ne figure au dictionnaire des maladies, il n'est pas une de nos facultés qui ne subisse quelque article des Codes. La chose dont l'homme a le plus fait abus, c'est la rage de faire des lois.

Et croyez-nous, messieurs, cet abus-là est aussi, de tous, le plus dangereux. On ne multiplie pas les lois sans un égal dommage pour la justice et pour la liberté ; le meilleur Code, c'est le plus court.

Je n'approfondirai pas cette question de l'abus, quant au droit d'association, je dirai seulement une chose qui me paraît de la dernière évidence : là où il y aura une entière indépendance de la presse, une représentation nationale complète ; là où tous les intérêts seront garantis et les facultés libres, il pourra y avoir des associations inutiles, ridicules, mauvaises si l'on veut ; il n'y en aura jamais de dangereuses. Qui oserait en dire autant de la loi qui prétend ravir aux citoyens le droit d'association, ce meilleur agent de la civilisation, ce plus ferme rempart de la liberté ?

Il est vrai qu'en France l'indépendance de la presse est loin d'être entière, et la représentation nationale loin d'être complète ; il y a des intérêts sans garanties, des facultés en esclavage, mais c'est justement pour cela que le droit d'association y sera d'autant plus profitable ; car ce qui nous manque, il nous le donnera. J'ajoute que, quelles que soient les institutions, le droit d'association sera toujours utile et nécessaire ; car lorsqu'elles seront conquises, il restera encore à les défendre et à les perfectionner. Le progrès est toujours possible : l'homme, en avançant, s'affaiblit et se déprave ; les sociétés s'améliorent, se fortifient en durant, et leur vie, au rebours de la nôtre, leur profite, parce qu'elles ne meurent point. Or, pouvez-vous dire que le progrès des institutions soit compatible avec l'isolement des citoyens ? Le mouvement, c'est l'alliance des forces.

Isolez les générations entre elles, supposez un moment qu'elles ne se transmettent plus les unes aux autres ce que chacune a gagné, leurs sciences, leurs idées, les découvertes... et l'humanité est perdue.

Eh bien ! isolez aussi les citoyens entre eux ; faites que les hommes d'une même époque ne puissent mettre en commun par voie d'association leur intelligence, leur travail, leur énergie... et la société est frappée au cœur.

Si elle ne devait pas s'améliorer, si elle devait toujours rester la proie du plus fort, peu nous importerait par quel coup vous la tueriez. Mais pour nous, qui croyons à son perfectionnement, nous voulons que vous ne lui ravissiez pas son plus grand moyen d'activité et d'amélioration.

Je l'ai déjà dit, le droit d'association n'intéresse pas seulement la politique, il sert à tous les développemens de l'état social. Gardez-vous, messieurs, de restreindre la question qui s'agite devant vous à une affaire de parti; elle n'importe pas seulement à toutes les opinions, elle importe à tous les intérêts, et l'art. 291 ne me démentira pas, car il y est parlé des associations religieuses, littéraires, politiques *ou autres.*

Ainsi, l'art. 291 est le seigneur suzerain de tous les sentimens, de toutes les pensées, de toutes les industries. Il n'y a pas de croyance, de travail, de science, pas même de simple goût, qu'ils ne relèvent de lui. Article vraiment encyclopédique, et qui prétend rassembler en quelques mots sous son contrôle toutes les branches des facultés humaines.

Hommes religieux, littérateurs, artistes, publicistes, vous qui invoquez avant tout la liberté de conscience, celle des opinions, l'indépendance de l'imagination, de la pensée, l'art. 291 se jette entre vous; il se donne le droit d'empêcher, s'il lui plaît, que vous vous rapprochiez, que vous unissiez vos prières, vos doctrines, vos efforts, et jusqu'à vos plaisirs. Il impose son despotisme même à cette innocente république des lettres que, Napoléon, dans un moment de bonne humeur, voulait bien ne pas trouver de trop.

Et vous aussi qui invoquez la liberté du travail, qui savez combien il se rend habile, productif, sociable, par la communication des procédés et des expériences, par la propagation des bonnes méthodes, par ces enseignemens, ces relations dont l'association est le premier moyen, industriels, ouvriers, professeurs, l'art. 291 peut, s'il le veut, rompre vos cercles, fermer vos cours, et il le fait, messieurs, car tout récemment encore c'est en son nom qu'on a frappé l'*Association pour l'éducation du peuple et l'instruction des artisans.*

Je le demande à tout homme de bon sens et de bonne foi; on fait grand bruit des abus possibles du droit d'association, mais les abus d'une telle législation ne sont-ils pas vraiment monstrueux? Est-il rien qui puisse leur échapper? et quelle liberté sera si mince, si petite, si muette, qu'elle puisse passer inaperçue entre ces gardes du despotisme?

Car vous le savez, messieurs, l'art. 291 est une loi de l'empire. Et voyez, vous, hommes modérés sans doute, si le despotisme n'est pas la plus funeste des exagérations. Le législateur impérial ne s'est pas borné, comme cela eût été du moins conséquent avec l'esprit de ce régime, à statuer sur le droit d'association par rapport aux matières politiques. Non : dans sa prévoyance il a embrassé tout l'esprit humain, et c'était pour l'étouffer; objets religieux, littéraires, ou autres. Ici le langage a manqué au génie de l'arbitraire, mais ce que ces termes ont de vague ne l'aura que mieux servi.

Après tout, cette généralité d'interdiction est simple. Si les hommes s'associent naturellement, il y a aussi une loi d'association naturelle entre toutes leurs facultés. Le despotisme le sait bien, et il devait réglementer le droit d'association en toutes choses, sinon il eût pénétré dans toutes par l'issue qu'on lui eût laissée.

Enfin, c'était l'empire. Les libertés étaient alors, comme l'Europe, sous le régime de l'envahissement et de la conquête. La gloire ne les remplaçait pas, comme on l'a dit souvent, mais elle servait de distraction à leur souvenir, et privés du droit d'association comme de beaucoup d'autres, les Français ne paraissent sensibles qu'à cette grande union de provinces, qui faisait que, depuis les Pyrénées jusqu'à la Baltique, le drapeau tricolore pouvait aller sans sortir de chez lui.

On peut croire d'ailleurs que, fatigué par une révolution qui avait mis en jeu toutes ses facultés, et tendu tous ses ressorts, l'esprit humain avait alors moins à souffrir de l'interdiction qui pesait sur ses moyens d'activité.

Mais aujourd'hui la France, toujours prête à être glorieuse par elle-même, prétend être libre et souveraine. Aujourd'hui l'esprit humain travaille avec une vigueur et une universalité dont il n'y a peut-être pas d'exemple dans l'histoire ; car dans les siècles même où il a le plus agi, il ne s'est guère appliqué qu'à une question, ou religieuse, ou sociale, ou pratique, ou scientifique. Aujourd'hui il les embrasse toutes, et il veut leur trouver à toutes une solution nouvelle.

Vous direz peut-être qu'il ferait mieux de se donner moins de besogne ; raison de plus pour que vous ne le gêniez pas. Laissez-le faire ; il est de force à se mêler de tout... et qui est de force à l'en empêcher ?

Messieurs, ce n'est pas seulement parce que son activité est grande et toute-puissante qu'il faut lui rendre ces moyens dont le droit d'association est le plus fécond ; c'est parce que cette activité ne fut jamais plus nécessaire ; c'est parce qu'il ne fallut jamais tant qu'elle fût indépendante.

Nous vivons dans une époque de dissolution, c'est-à-dire de création ; car le monde social ne peut périr, et lorsqu'il semble se détruire, c'est qu'il va renaître. Mais dans cette création nouvelle, tout est encore informe, ou obscur, ou inconnu.

Notre avenir est là, pourtant, et le vôtre et le nôtre, celui de toutes les nations. Jamais la fortune de l'humanité entière ne fut plus engagée.

Non, ce n'est pas trop de tout son génie, c'est-à-dire de toute sa liberté, pour résoudre le problème qui est né de la confusion des idées, de la chute des croyances, d'une complication inconcevable d'intérêts, anciens, nouveaux, admis, exclus, d'un état de choses tel qu'il faut que tout le monde puisse librement s'en occuper, parce qu'il s'agit de tout le monde.

Eh bien ! nous, dont la tête s'est souvent lassée en contemplant ce spectacle, nous disons que vouloir maintenant isoler les efforts, les intelligences, les études, c'est rendre impossible toute découverte dans le vaste domaine où l'esprit humain veut pénétrer de toutes parts.

C'est à une pareil tâche surtout que l'association excelle. Mettant en commun des facultés diverses, plusieurs volontés, plusieurs forces, elle réunit pour ainsi dire dans un même individu cet ensemble de moyens qu'un seul homme ne possédera jamais,

Joignez à cela la puissance du contact, l'émulation, les propriétés à la fois de l'ensemble et de la division du travail, vous concevrez aussitôt comment une association se portant tout entière à la recherche d'une idée, d'un moyen, obtiendra ce qu'un seul homme ne pourra jamais obtenir.

Le grand bienfait de l'association c'est surtout de faire que les esprits s'entendent, que les efforts persévèrent. Singulière contradiction! On se plaint chaque jour du défaut d'idées communes établies, du tiraillement, et des disputes, on se moque des systèmes aussitôt abandonnés que conçus, et l'on empêche l'association, qui produirait l'accord et la constance.

Gardez-vous donc de la gêner. Et que sera-ce si déjà beaucoup d'hommes éclairés et consciencieux indiquent l'association, non pas seulement comme un moyen d'étudier théoriquement les difficultés et les remèdes de la position sociale, mais comme un moyen pratique de les résoudre, de les employer et de sortir d'embarras, du moins pour beaucoup de besoins et d'intérêts?

Je citerai entre ceux qui développent cette idée d'avenir, la *Revue encyclopédique*, l'*Européen* et M. Fourrier.

Je citerai enfin les Saint-Simoniens; car nous ne sommes pas Saint-Simoniens; il s'en faut, mais les hommes justes reconnaissent qu'au milieu de leurs erreurs ils ont soutenu avec dévouement des idées utiles, parmi lesquelles se trouve l'emploi de l'association.

Je ne prétends pas développer ici ces diverses doctrines, mais si telle est la direction des consciences et des esprits, leur ferez-vous la guerre? Voudrez-vous laisser à la disposition de tel ou tel système d'administration la faculté de paralyser tous ces efforts, d'empêcher tous ces essais.

Ah! messieurs, assez d'obstacles déjà les entravent, la tâche est assez difficile, le nombre des travailleurs assez petit. Quand dans ce siècle d'égoïsme systématique, ces hommes se consacrent de concert à des recherches qu'ils croient utiles aux autres, c'est une bonne fortune ou un bon exemple. Par ma foi, cela est assez rare, et lors même qu'ils se tromperaient, soyez tranquilles, rien n'est si peu contagieux qu'une erreur de dévouement.

Je viens à l'argumentation tirée d'une législation existante.

Vous avez déjà vu, messieurs, qu'elle envahissait toutes les sortes d'association. Il faut, avant d'aller plus loin, rappeler qu'elle les soumet absolument au bon plaisir du pouvoir. Voici le texte même de l'article, et il est vraiment curieux : « Nulle as-« sociation.... ne pourra se former qu'avec l'agrément du gouver-« nement, et sous les conditions qu'il plaira à l'autorité publique « d'imposer à la société. »

Vous entendez, messieurs, c'est bien là textuellement le régime du bon plaisir. Cette fois il est sincère et dit les choses crûement.

Ainsi c'est de l'agrément seul du gouvernement que l'association peut, dans toutes ses applications, exercer ce droit, cette vitalité qui sont en elle. Que dis-je? On ne fera même pas d'une prétention si monstrueuse une affaire de haute administration; l'association sera soumise au caprice d'un tel agent de l'autorité qu'il plaira au gouvernement d'investir de ce despotisme.

Ne parlez donc plus d'abus, car ici rien n'est spécifié ; vous ne limitez pas seulement le droit, vous le détruisez. A quelque objet qu'il s'emploie, il faut d'abord votre agrément; il faut ensuite qu'il se soumette à des conditions que vous ne déterminez point d'avance, qui sont, comme tout le reste, abandonnées à votre discrétion, et que vous abandonnez vous-même à celle de vos agens.

Un philosophe ancien cherchait un homme dans la place publique d'Athènes : cherchez une liberté dans la vie publique des Français.

En présence d'une pareille législation que pouvons-nous faire ? Vous dirons-nous que nos réunions ne sont pas périodiques; qu'elles ne dépassent pas ce nombre de vingt, hors duquel l'association, en grandissant, en atteignant sa majorité numérique, tombe sous la tutelle de la police ?

Ou bien vous dirons-nous que nous ne sommes pas les chefs de la *Société des Amis du peuple ?* qu'élus par elle, nous ne sommes que ses agens ?..... Nous ne voulons disputer ni sur les mots ni sur les faits. Ce serait par trop rétrécir l'immense question que nous devons défendre dans un esprit plus digne d'elle.

. Nous nous plaçons en face de la loi, sous la protection du principe, et nous lui disons : « Tu peux nous punir de ce que nous ne t'observons pas, mais tu ne peux nous forcer de te trouver juste et par conséquent de t'obéir. » Nous lui disons avec Jean-Jacques Rousseau : « Lorsqu'une loi est abusive, les citoyens doivent, en la transgressant, lui fournir l'occasion de sévir contre eux; car plus elle sera appliquée souvent et mieux ressortira aux yeux de tous, aux yeux du juge lui-même, le vice qui doit en amener l'abrogation. »

Ainsi, messieurs, dans cette cause, toute bravade serait ridicule ; mais vous nous comprendrez quand nous dirons : « Qu'on nous condamne, qu'on nous condamne aujourd'hui, puis demain, puis un autre jour encore; car ce n'est pas la dernière fois que nous protesterons contre l'article 291. L'attention publique finira par être avertie, elle examinera cet article, elle le proscrira hautement, et, à force d'être employée, cette arme du despotisme se brisera. »

Quant à vous, messieurs, nous n'avons pas à conseiller votre conscience, mais nous devons vous rappeler cette omnipotence du jury, qui n'est autre chose que votre conscience même, libre et souveraine par-dessus tout.

Les magistrats se sont placés volontairement dans les fonctions qu'ils exercent: ils ont étudié et connaissent les lois qu'ils contractent librement l'engagement d'appliquer. On peut donc soutenir qu'ils seraient mal venus à hésiter ensuite sur cette application ; lorsqu'ils ont pris place sur leurs siéges, ils n'ignoraient pas quelles sentences ils pouvaient avoir un jour à prononcer.

Mais les jurés remplissent une mission qui leur est imposée; il arrive parfois qu'ils ignoraient la loi sur laquelle on leur demande de régler leur décision. Si cette loi, chose pénible, blesse leur raison, leur conscience, que feront-ils? que ferez-vous?

Messieurs, vous n'êtes pas les hommes de la législation, vous êtes les hommes de la société; vous ne représentez pas ici cette législation écrite, stationnaire; vous représentez la société, qui toujours marche et toujours apprend.

Le jury est le produit d'une pensée qui constitue le véritable progrès de la civilisation moderne; autrefois le législateur se proposait surtout de retenir, bon gré malgré, la société dans des institutions immobiles, inflexibles, de là tant de révolutions. Aujourd'hui, la science politique a compris le besoin d'institutions progressives, qui se prêtent au développement de l'ordre social, des intérêts et des idées. Quand elles auront toute cette faculté, il y aura des innovations régulières, il n'y aura plus de révolutions.

Le jury, je le répète, est un pas fait dans cette voie; il est dans l'ordre judiciaire ce qu'est l'élection dans l'ordre législatif; il amende les pénalités à mesure que la pensée publique les réprouve; il est le premier degré de cette révision qui se consomme plus tard par les assemblées législatives.

Du temps des magistratures permanentes, sous Louis XIV, il fallut un édit royal pour empêcher que les peines absurdes et atroces établies contre les sorciers et les magiciens continuassent à être appliquées.

De notre temps, et grâce au jury, des lois infâmes, celle du sacrilége et celle qui commandait la délation; des lois trop rigoureuses contre l'infanticide et la fausse monnaie ont disparu de nos codes; on y a généralisé la règle des circonstances atténuantes. C'est au jury, reculant devant des pénalités immorales ou excessives, que ces améliorations sont dues. Nous lui en devrons bien d'autres, à mesure que son institution elle-même s'améliorera. Dès aujourd'hui nous pouvons lui devoir un retour aux vrais principes sur le droit d'association. Nous n'avons pas cherché à prouver que nous eussions éludé la loi; c'est à vous de voir, messieurs, si une législation vicieuse, reconnue telle, s'il m'en souvient, par un des ministres actuels, doit être plus puissante que l'empire du droit public, du droit naturel et de la raison.

Examinons maintenant ce qu'on a fait pour l'emporter dans votre esprit sur tout ce qui rend l'association si profitable et si nécessaire; car on sentait bien que l'argument d'une législation existante serait insuffisant. On s'y est pris de manière que le droit d'association vînt à souffrir des préventions accumulées contre la *Société des Amis du peuple*. Songeons donc enfin à défendre celle-ci, ou plutôt à défendre ces doctrines républicaines dont elle a cherché l'avancement, car la *Société des Amis du Peuple* n'est, après tout, qu'un individu collectif, et il ne s'agit pas ici d'une question personnelle. Messieurs, toutes les accusations portées contre les républicains peuvent se résumer en un seul mot : Nous sommes des *désorganisateurs*. A ce mot, je cherche partout cette organisation que nous voulons pourtant détruire. Est-elle dans l'ordre municipal, le système électoral, le système financier, la limitation des pouvoirs, les services publics?

Juste ciel! tous ces objets ou autres, comme dit l'art. 291, chaque jour ce sont des cris à ne pas s'entendre pour qu'ils soient enfin organisés, pour qu'on sorte du défaut ou tout au moins du provisoire des lois, ordonnances, réglemens, de ce tas de lacunes, de désuétudes, de contradictions, qui ahurissent les commissions de révision, mettent en souffrance tous les intérêts, déroutent tous les systèmes.

C'est encore ici une multiplicité de lois monstrueuses, mais qu'on nous dise combien il y en a de vraiment organiques, c'est-à-dire de complètes et de définitives, de praticables et de pratiquées.

Tout est en question : impôt, amortissement, crédit public, droit électoral, municipalités, responsabilité ministérielle, éducation populaire, liberté individuelle, liberté de la presse, toutes les institutions, toutes les garanties. Organisation, dites-vous? oui, celle de l'état de siége; c'est ce qu'il y aura de plus complet dans nos institutions. Une seule chose en France, hors l'arbitraire, nous paraît réellement organisé, c'est l'unité du pays, maintenue par la centralisation. Et vous savez quels périls elle court, cette centralisation; vous savez combien elle est compromise chaque jour par les attaques du parti carliste, par les prétentions des notabilités locales, par l'abus même qu'en fait le pouvoir.

Oui, l'unité nationale est organisée, et nous le devons à cette révolution faite par nos pères, puissans pour détruire, puissans pour créer, et sur les bienfaits de qui nous vivons à cette heure.

Eh bien, messieurs, qu'on vienne faire du fédéralisme, de la dissolution; attaquer cette unité, cette centralisation, qui font notre nationalité, notre égalité, notre espoir, qui défendent la France contre l'invasion, l'aristocratie locale, le déchirement; qui affermissent le colosse français sur une base de trente mille lieues carrées, et donnent au cœur de la patrie toute la vitalité dont un si grand corps a besoin; alors on verra si les républicains sont du côté des désorganisateurs.

Sans doute la centralisation a des abus que les institutions municipales devront corriger, mais nous savons fort bien que le plus souvent on l'attaque moins à cause de ses abus qu'à cause de ses avantages. Engagés que nous sommes à briser dans les mains du pouvoir les armes dont il abuse à chaque instant. celle-là, nous, nous la respectons, parce qu'elle est celle du pays, parce que là est la vie et le salut de la France, je veux dire de la liberté du monde.

Vous prétendez que la république, dans un grand pays, est impossible; et nous croyons, nous, qu'un gouvernement démocratique n'est possible que dans un grand pays. Sa première condition, c'est que la France soit maintenue telle qu'elle est, immense, unitaire, et conservant au peuple souverain un sol digne de sa grandeur, un espace assez étendu pour que les individus y soient imperceptibles, pour que les masses y vivent à leur aise, nombreuses contre les aristocrates, les abus et l'étranger.

Ainsi, messieurs, là où il y a organisation véritable et tutélaire pour le pays, nos opinions sont toutes de conservation et de maintien. Ailleurs, il n'y a rien de réglé ou de définitif; ailleurs ré guent la confusion, l'insuffisance, le provisoire ; nous ne demandons pas qu'on démolisse: bien au contraire, nous voulons que l'on construise, que l'on bâtisse sur le fondement large et solide de la souveraineté du peuple et du droit de tous.

Mais, dira-t-on, vous n'êtes pas seulement ennemis de l'ordre politique, tel qu'il existe actuellement en France. Vous êtes ennemis de l'ordre social lui-même ; vos doctrines tendent à le miner. Nous ne devons pas tolérer des asssociatious qui les propagent.

Messieurs, avant de répondre à ceci, je dirai que, ne pas borner la pensée républicaine au seul ordre politique, à de simples formes de gouvernement, de simples procédés d'administration, c'est du moins la bien comprendre. Quelque importantes que soient ces questions de formes, elles ne sont qu'une partie de la tâche, et si la république ne devait rien faire de plus qu'appliquer de nouvelles théories administratives, seconder de nouvelles ambitions, nous, hommes de la chose, hommes du peuple, nous laisserions le débat aux prétendans et aux systèmes.

La république nous promet l'amélioration de l'état social, c'est pour cela que nous sommes pour elle. Nous ne sommes pas si dupes qu'on veut bien le dire, nous n'avons pas pour les mots d'amour platonique, et si la république ne devait pas profiter à tous les citoyens, si elle ne devait pas servir l'humanité et la patrie, nous, hommes et patriotes, nous ne compliquerions pas notre vie de la lutte acharnée que nous soutenons contre le pouvoir.

Notre part du fardeau est assez lourde ; pourquoi y ajouterions-nous les efforts de cette guerre? C'est que nous voyons pour conquête le domaine de l'égalité, et cette satisfaction des intérêts populaires qui doit fermer à la fois les plaies de la France et la carrière des révolutions.

Car nous aussi nous pensons qu'il faut en finir : mais les gens du pouvoir veulent en finir avec les révolutions par la tyrannie ; nous, c'est par la justice. Nons voulons que, grâce à l'établissement d'institutions progressives, à l'avénement toujours possible de tous les intérêts et de tous les droits, les générations à venir n'aient plus à faire la rude et périlleuse besogne à laquelle la nôtre est destinée.

Eh bien! c'est de la république que nous attendons cette organisation sociale perfectible et souple, qui se prêtera aux améliorations utiles à mesure qu'elles se produiront, protégeant les intérêts légitimes existans, accueillant les intérêts légitimes qui demanderont à exister, empêchant les révolutions parce qu'elles ne seront plus nécessaires ; accroissant incessamment le bien, et ne laissant plus à ce mauvais génie qui persécute l'humanité, que ces maux dont elle ne peut se préserver par sa raison, sa liberté, son industrie.

Messieurs, ce ne sont pas là des chimères. Il y a sans doute une loi de mal dans les destinées du monde, loi injuste et terrible, qui révolte et confond la pensée: mais si l'homme est éternellement condamné à la subir, il n'est pas éternellement condamné à l'empirer lui-même. Son histoire prouve qu'il peut l'atténuer, et s'il y a déjà réussi, faible et inexpérimenté qu'il était, n'est-il pas parfaitement logique d'affirmer qu'il peut bien mieux la rendre moins funeste, maintenant qu'il est moins désarmé, moins ignorant.

Oui l'homme, parviendra à n'être plus complice de sa destinée, à dompter la tyrannie qui l'exploite, l'ignorance, la lâcheté qui le laissent exploiter. Il a commencé, il achèvera. Sans doute les progrès ne peuvent être que successifs; ils seront même peut-être entremêlés encore de pas rétrogrades et de temps d'arrêt; mais il faut que chaque génération apporte sa pierre au grand édifice. Le capital que le nôtre doit ajouter à la fortune de la civilisation, c'est la république.

Eh! mon Dieu, nous ne disons pas qu'elle sera tout à coup une panacée universelle; qu'elle guérira tout, qu'elle fécondera tout. Nous disons qu'elle est la première condition du mieux : c'est le soc qui cultivera le sol, c'est l'arme qui le défendra; et tandis que d'une main elle domptera l'ennemi, qu'elle sèmera de l'autre, l'ennemi s'évanouira, la moisson sortira de terre. La république et l'association, voilà les deux artisans de la civilisation moderne.

Nous sommes, dites-vous, les ennemis de la société comme du gouvernement.... Mais j'ai déjà répondu. Ce que nous haïssons, dans la société, ce sont ses vices; nous sommes les véritables amis de l'ordre social, car nous voulons qu'il soit corrigé, et nous croyons qu'il est capable de l'être. Vous qui dites qu'il est bien, vous le flattez; vous le calomniez, vous qui dites qu'il restera toujours vicieux. Aussi bien je pourrais, cette fois encore, demander où donc est cette organisation que nous voulons détruire : religion, science, travail, rien est-il constitué dans la société actuelle?

La religion? Interrogez un prêtre, M. de la Mennais. La science? Interrogez Raspail. Quelle organisation scientifique y a-t-il dans un pays où manque l'enseignement populaire?

Quant au travail, demandez à tous ceux qui le pratiquent, s'il est organisé. Souvenez-vous de Lyon, examinez tout ce qui se dit, tout ce qui se fait, parce que les lois organiques du travail font défaut. Étrange calomnie! nous sommes des désorganisateurs dans une société où l'organisation manque, et où nous voulons qu'elle se fonde enfin.

Est-ce en religion? Nous sommes pour la liberté absolue des consciences. Nous ne voulons pas de prêtres qui, sous quelque nom que ce soit, gouvernent les affaires du monde. Nous n'adoptons pas non plus une foi qui met tout au ciel, qui réduit l'égalité à l'égalité devant Dieu, à cette égalité posthume que le paganisme proclamait aussi bien que le christianisme.

La religion, comme nous l'entendons, nous, c'est les droits sacrés de l'humanité. Il ne s'agit plus de présenter au crime un épouvantail après la mort, au malheureux une consolation de l'autre côté du tombeau. Il doit fonder en ce monde la morale et le bien-être, c'est-à-dire l'égalité. Il faut que le titre d'homme vaille à tous ceux qui le portent un même respect religieux pour leurs droits, une pieuse sympathie pour leurs besoins. Notre religion, à nous, c'est celle qui changera d'affreuses prisons en hospices pénitentiaires, et qui, au nom de l'inviolabilité humaine, abolira la peine de mort.

La science, nous demandons qu'elle soit organisée de manière à faciliter le travail, multiplier la production, la richesse, le bien-être, propager l'enseignement, défendre les hommes contre les fléaux qui les attaquent. Nous demandons qu'elle soit organisée de façon que quand un homme comme Broussais se portera candidat, il soit élu; qu'il ait pour électeurs des hommes qui ne l'écartent point ; car l'élection bien organisée est à son tour la loi organisatrice par excellence. Autant en dirons-nous pour les lettres et pour les arts : utilité sociale, gloire, liberté, concours, élection.

Quant au travail, nous demandons qu'il ne soit pas subordonné à l'intérêt des avides et des oisifs. Nous demandons que le travailleur ne soit pas exploité par les capitaux; que la main-d'œuvre ne soit pas son seul gain; qu'il trouve dans l'établissement de banques publiques, dans la propagation de l'enseignement et des méthodes, dans l'assiette de la justice et la sagesse de l'impôt, dans la multiplicité des voies de communication, dans la puissance même de l'association, les moyens de, faciliter sa tâche, d'affranchir son activité, de récompenser son industrie et son courage. Nous demandons surtout que le travail soit le premier des titres à l'exercice des droits politiques, car les sociétés vivent par le travail et non par la propriété.

A ce mot, messieurs, je m'arrête. J'ai besoin de prolonger encore ces explications, car on nous accuse de doctrines hostiles aux propriétaires, et d'ailleurs je dois ajouter que dans la société française, et au milieu de ce défaut d'organisation et de vie que j'ai signalé partout, la propriété se présente puissante, organisée. Notre première révolution l'a constituée sur des bases nouvelles, imparfaites, mais fondées dans nn principe utile, celui de la division.

Cette division, elle l'a opérée seulement en limitant le droit de transmettre par l'égalité des partages et l'interdiction des institutions. Ce n'était pas l'unique moyen; par exemple, il eût fallu aussi étendre le droit d'hérédité, c'est-à-dire que la division de la propriété se fût accrue et perfectionnée, si l'on eût dans chaque héritage d'une certaine valeur affecté une sorte de légitime à un fonds commun à répartir entre les prolétaires.

Qu'on ne se récrie pas, messieurs, car le fisc ne fait pas autre chose en prélevant les droits de succession. Seulement, c'est lui qui en profite, et nous aimerions mieux que ce fût la main féconde des travailleurs.

Mais, quoi qu'il en soit, il y a puissance et organisation de la propriété en France. Le principe de la division y a été introduit, et il a multiplié les propriétaires, multipliés déjà par la vente des biens nationaux; et cette possession, fractionnée, divisible, récente, a donné à la propriété une constitution à la fois perfectible et vivante.

Quant à nous, nous ne l'avons pas attaquée; le sentiment de la propriété compte parmi les sentimens naturels à l'homme; mais c'est justement pour cela, c'est justement parce que l'homme veut posséder, parce qu'il ne faut pas méconnaître ce penchant, que nous demandons qu'il soit satisfait chez le plus grand nombre d'hommes possible, au lieu de ne le gratifier que chez quelques uns et d'en faire une exception.

Il n'y aurait plus de grandes fortunes; il n'y aurait plus d'excessive pauvreté. En politique et en morale, ce serait un bien. On prétend que l'accumulation des capitaux est nécessaire à certains cas de la production. Mais on aura toujours un assez grand capitaliste : le budget. D'ailleurs, qui suppléera à la division des capitaux? Encore l'association.

Nous ne contestons pas le droit de la propriété; seulement nous mettons au-dessus celui que la société conserve de le régler suivant le plus grand avantage commun. Nous n'étendons pas le droit d'user et d'abuser jusqu'à celui d'abuser au détriment de l'état social. Le gouvernement lui-même ne soumet-il pas aux chambres une loi sur l'expropriation forcée pour cause d'utilité publique, demandant à la loi de prémunir l'intérêt général contre les prétentions abusives du droit individuel de propriété.

Ce que nous lui contestons, messieurs, c'est le monopole des droits politiques, et ne croyez pas que ce soit seulement pour les revendiquer en faveur des capacités. Selon nous, quiconque est utile est capable; tout service entraîne un droit: à tout travail un bénéfice et une garantie; car c'est au travail surtout que le bénéfice est dû, et que la garantie est nécessaire.

Pourquoi donc la propriété seule aurait-elle des droits politiques? Et puis ces droits ne seront-ils pas eux-mêmes une propriété? Ne peut-on rien posséder que terre ou maison? Ne sera-ce pas aussi une propriété, cette instruction, premier élément de travail et d'industrie, que la société est tenue de distribuer à chacun de ses membres? Ce titre de citoyen réalisé enfin par les garanties, l'assistance, la protection qu'elle doit à tous?

Messieurs, je borne là mes explications, bien insuffisantes en d'aussi graves matières, mais déjà trop longues pour ces débats. J'ai dû, quand on enlève à nos doctrines le moyen de l'association, vous indiquer qu'elles n'étaient point si anti-sociales, si sauvages. Elles ne prétendent qu'à ceci : il y a des institutions absentes, et des intérêts exclus; amenons celles-là, accueillons ceux-ci. Une classe immense de citoyens, le peuple, les prolétaires, invoquent leurs titres, exposent leurs besoins, demandent de l'instruction : qu'ils rentrent en possession à la fois des droits, des ressources, des enseignemens qui leur sont dus. Car on parle beaucoup à présent d'intérêts matériels, mais ce n'est tout au plus qu'un tiers de la question.

Si c'est là faire la guerre à la société, au nom de quelle société parlez-vous? Celle des priviléges? Association terrible en effet, mais contre laquelle nous ne réclamerions même pas l'article 291, parce que l'égalité et le peuple seraient assez forts sans lui. On vous dira que nous sommes les ennemis du régime actuel, comme si vous étiez les hommes de ce régime, de tel ou tel gouvernement; comme si, quels que puissent être vos sentimens personnels, vous n'étiez pas ici seulement les hommes de la justice et du pays!

Je ne ferai pas, messieurs, l'éloge de la *Société des Amis du Peuple*. Elle m'a élu pour président, et cet éloge pourrait dans ma bouche être suspect de reconnaissance. Je dirai seulement que si je devais, pour avoir été un de ses membres, encourir pis qu'une amende, je la remercierais encore de m'y avoir exposé.

Aussi bien, ne l'oubliez pas, ce n'est pas la *Société des Amis du Peuple*, mais le droit d'association, dont il s'agit, c'est-à-dire du seul moyen peut-être de fonder en France des doctrines, de résoudre les plus grandes questions, de conjurer les plus grands périls.

En effet, messieurs, croirez-vous en examinant la position présente que le moment soit bien choisi pour désarmer les citoyens? L'anarchie est vaincue, dites-vous.... Et le despotisme? Lisez le projet de loi sur l'état de siége, et voyez ce qu'il est. Nous voici, après quarante ans de révolution, remontant à l'ancien régime à travers les cours prévôtales de la restauration et les exils arbitraires de l'empire. Les magistrats paralysés, le jury mis en état de suspicion légitime.... c'est la police qui instruira et les conseils de guerre qui jugeront. Les suspects seront déportés.

Messieurs, dans un pays où l'on ose proposer une telle loi et compter sur deux majorités, rien n'est acquis, personne n'est préservé. C'est alors qu'il faut que les citoyens puissent s'associer, car évidemment il y a dans les hommes d'un pareil système des arrière-pensées contre lesquelles les citoyens ne sauraient trop se prémunir.

Voyez, messieurs, si c'est que nous ayons trop de garanties et qu'il faille nous dépouiller d'un droit sans lequel toutes seraient faibles, avec lequel elles peuvent toutes être supplées.

Serait-ce trop qu'une association pour la diminution des impôts, d'autres pour des enquêtes sur les diverses causes du malaise moral et matériel dont se plaint le pays, et sur les remèdes à y apporter; une autre pour l'instruction du peuple, pour le régime municipal, pour le système pénitentiaire, pour le maintien du jury; une autre encore pour la liberté individuelle, dans un temps où, sans le moindre indice, à l'occasion d'une infâme machination, des citoyens sont jetés dans les cachots, chargés de fers, n'emportant pour réparation qu'une chance de plus d'être, au premier prétexte venu, emprisonnés encore; tout cela parce qu'ils s'appellent Caunes, Lebon, Carly, Laponneraye, Flocon, Lambert, Desjardins, parce que rien ne rebute leur dévouement à des opinions qui les livrent ainsi au tyrannique dévergondage de la police.

Le président. Prévenu Cavaignac, les arrestations dont vous parlez ont été faites en vertu d'arrêts judiciaires que vous devez respecter.

Cavaignac. D'arrêts judiciaires? dites plutôt d'arrêts de bon plaisir ! C'est l'instruction judiciaire qui a fait ressortir l'absurdité de l'accusation élevée contre nos amis. Et si tous n'ont pas été relâchés, ce n'est pas parce qu'il y a motif de les retenir, mais parce qu'on ne veut pas avouer tout d'un coup cet étrange attentat contre la liberté individuelle. On a bien cherché de toutes parts. Bien des papiers ont été saisis, bien des domiciles ont été violés, bien des citoyens arrachés à leurs foyers, à leurs paisibles occupations, à leur liberté; voyons, qu'a-t-on trouvé? que s'élève-t-il contre eux, contre Caunes, qui ce soir ne quittera ce tribunal que pour retourner au cachot, escorté de gendarmes? Que s'élevait-il contre moi, dont la demeure a été envahie pendant la nuit, et dont on n'a plus voulu le lendemain quand je suis venu me constituer moi-même? C'était donc bien à la légère qu'on avait lancé de pareils mandats, puisqu'en me présentant quelques heures après j'ai cessé d'être coupable! Jugez par moi de tous les autres et dites si l'on peut plus ouvertement qu'on ne le fait tous les jours faire mépris du respect humain et des garanties sociales.

Certes, j'ose l'affirmer. Si le droit d'association existait, ce droit pour lequel nous sommes devant vous; ce droit par lequel on s'assure mutuellement contre l'oppression; ce droit qui force les gouvernemens à ne rien faire qu'au grand jour, le pouvoir reculerait devant de semblables atteintes (Aux jurés). *Citoyens!* (Mouvement subit parmi les jurés. L'un d'eux se lève de son siège) citoyens! c'est votre cause que nous plaidons aussi bien que la nôtre; aujourd'hui notre tour, demain le votre! Car l'arbitraire envahit tout, qui sait où il peut s'arrêter? Un jour, un jour viendra où vous nous remercierez d'avoir souffert, pour vous acquérir des droits dans lesquels vous serez trop heureux de vous réfugier. Un jour vous direz : Oui! c'est pour nous qu'ils travaillaient ! (Agitation prolongée; le prévenu reprend son discours).

Vous dites que les droits politiques ne sauraient recevoir d'extension; que nous ne sommes point encore exercés à les connaître, à les remplir. Comment les exclus pourront-ils s'y préparer? par l'association.

Vous dites que les besoins sont mal définis, mal appréciés, les remèdes inconnus. Qui y suppléera? L'association. C'est par elle que des hommes du peuple comme Prospert pourront révéler ses plaies, se révéler eux-mêmes; et c'est assez dire quel mérite, quelle vertu l'association peut mettre en lumière.

En Angleterre, en Amérique, l'association s'emploie à tout. Vous l'avez vue aux États-Unis s'armer avec succès même contre l'ivrognerie. En vérité, si une association contre l'usage des liqueurs fortes se formait en France, l'administration des contributions indirectes viendrait, au nom du budget, réclamer contre elle l'art. 291. (On rit.)

C'est qu'en France le peuple est souverain, mais point libre; c'est que tous les pouvoirs viennent de lui, et qu'il n'a pas un seul droit; c'est que la révolution de juillet a bien pu ébranler l'Europe, mais que l'art. 291 ne s'en est même pas ému.

Messieurs, si le droit d'association est laissé à la merci du pouvoir, c'est la civilisation même que vous lui livrez, le travail, la liberté, le progrès, la vie politique et sociale tout entière. Vous connaissez la maxime : *Divise et tu règneras.*

Le pouvoir tend toujours à individualiser, il lui faut des unités et pas d'union. Il veut bien, pour guider, comme on dit, le vaisseau de l'état, de l'ensemble dans la manœuvre, mais point d'accord dans l'équipage; il vous attachera plusieurs à son char, il n'entendra traiter avec vous qu'un à un. Attelez-vous, ne vous associez pas.

Mais ne sommes-nous donc que des bêtes de somme? Et vous qui rassemblez les hommes pour mieux traîner votre paresse, ne les laissez-vous pas s'unir pour mieux user de leur propre activité !

Vous n'en avez pas le droit. Sur le sol que nous exploitons, vous n'avez pas le droit d'empêcher que nous fondions notre commune. La loi, dites-vous; mais elle parle ici le langage de la force, et ce langage n'est pas à notre portée. Tu me cites, répondait un protestant à un inquisiteur, tu me cites une loi qui nous défend de nous réunir : comment veux-tu que j'exécute une telle loi? Je ne la comprends point.

Non, nous ne la comprenons pas; et lorsque du présent nous revenons vers le passé, tout ceci nous semble un rêve. Hier encore je parcourais les tables du *Moniteur;* j'y trouvais indiquées ces journées fameuses, ces grands travaux, ces guerres gigantesques, toute la vaste entreprise du peuple français pour la conquête de ses **droits.** Je suivais cette trace lumineuse que le génie de la liberté a jeté sur les quarante années, nos contemporaines, et sur les événemens qui, d'un pôle à l'autre, ont ébranlé la terre, ne laissant debout que la fortune des nations. Je voyais ce génie libérateur songeant à tous les peuples, faisant de leur cause sa cause, et, pour les soutenir, choisissant la France, l'armant, l'inspirant, lui soufflant au cœur une énergie incroyable, et remplaçant dans ses veines tout ce sang qu'elle a prodigué.

Je voyais nos triomphes, puis nos revers, dignes encore de nous, montrant tous les bras de l'Europe tendus pour nous renverser, puis, sous les Bourbons, la liberté fournissant à la tyrannie de sanglans sacrifices; puis enfin les jours de juillet qui, au droit sacré du peuple ajoutèrent le droit du plus fort.

Je pourrais compter peut-être tant de victoires et de désastres, tant de puissans travaux; je pourrais recueillir ces leçons que la France a données au monde; mais que trouverais-je pour résultat de ces enseignemens, de ces efforts? Rien, que des hommes comme ceux qui nous gouvernent; rien, que des lois comme celles qu'on vous demande d'appliquer.

En être encore à l'article 291, certes, c'est une énigme inconcevable, désespérante, messieurs, s'il ne se trouvait des citoyens pour le violer, des jurés pour les en absoudre.

Cette énergique défense a produit un effet difficile à peindre; les applaudissemens, longtemps contenus, éclatent de toute parts après les derniers mots. Les prévenus et les jurés, chacun de leur côté, s'entretiennent vivement entre eux pendant quelques minutes.

Le président. Les prévenus suivans peuvent continuer. Prévenu Gabour ?

Gabour. Ma défense devait reposer sur le droit d'association en général ; mais la manière dont notre ami Cavaignac vient de l'exposer me paraît telle, qu'ayant à parler immédiatement après lui, je craindrais d'affaiblir l'impression qu'ont dû produire ses paroles. Je m'en réfère à ce que mes collègues ont déjà dit, à ce qu'ils pourront ajouter encore. Ce qu'ils veulent, je le désire comme eux; ce qu'ils proclament, je le proclame. J'appelle en un mot de tous mes vœux tout ce qui peut hâter le progrès social et le triomphe de la souveraineté du peuple.

Desjardins présente immédiatement sa défense en ces termes :

DÉFENSE DU CITOYEN DESJARDINS.

Messieurs, je suis l'accusé, vous êtes le jury.

L'institution du jury n'est pas faite seulement pour absoudre ou pour condamner, car le jury, dans ce cas, devrait interpréter la loi, et vous le savez, il n'interprète que les actions.

Le jury, ou jugement par jurés, est la partie laissée mobile dans l'immobile loi.

Le jury est institué pour contribuer par ses avertissemens au perfectionnement des lois, à leur harmonie avec les temps et les pactes fondamentaux.

Le jury est une sorte de compas dans les mains de la justice , et qui suit, pour les marquer, tous les déplacemens de la société ; de ce corps vivant , qui se meut sous un réseau de lettres mortes qui doivent accompagner ce même déplacement, si l'on veut qu'elles expriment quelque chose de réel , d'harmonieux , de palpitant.

Le jugement par jurés, c'est la voix de chaque jour qui , sans savoir interpréter la loi , nous le répétons, mais en interprétant les actes de la vie, prononce sur la loi même cette formule sacramentelle : *Ceci est bon* ou *ceci est sujet à révision* ; la voix qui , en définitive , décide le *législateur* et même le *corps constituant* lui-même à changer ses axiomes et ses règles de conduite.

Il ne suffit pas , en effet , au jury comme à la loi de savoir seulement si une chose a été ou n'a pas été faite ; le jury s'informe et se scrute encore au-dedans de lui-même, pour savoir si cette chose est bonne ou mauvaise, par rapport au temps où elle a été faite ; en un mot, le jury a une conscience où la loi n'a qu'un sanctuaire. Voilà pourquoi l'un avance et l'autre reste immobile ; voilà pourquoi nos actions , quand elles sont bonnes , trouvent un refuge assuré , alors même que la loi , fausse ou vieillie , les condamne.

Je suis l'accusé , le gouvernement nous défend l'association, on nous accuse du délit de nous être associés au-delà du nombre de vingt personnes. J'entre en campagne contre l'*accusation*.

Ici le citoyen Desjardins établit les bases de toute association humaine, qu'il fait dériver d'un seul et même droit, le *droit à l'existence*, dont tous les autres droits ne sont que les conséquences et le développement.

« Chacun étant maître de sa personne , dit le prévenu , il n'y a donc aucun homme qui puisse attenter à la liberté individuelle d'un autre. »

Et tous les jours le citoyen français est jeté dans les prisons, sans formalités préalables ! et son domicile est violé tous les jours, et même à des heures qui ne sont pas dans la loi ! En France , il n'y a plus de foyer inviolable , excepté peut-être celui qui viole l'*inviolabilité* de tous les autres !

« Chacun employant ses moyens à se procurer des propriétés pour conserver et étendre son existence, la société doit donc défendre à chacun d'attenter à la propriété d'autrui. »

Et tous les jours des presses sont saisies , des industries violemment brisées ; de pauvres marchands cherchant sur la voie publique le débit de leurs produits, et le morceau de pain qui doit substanter leur famille , sont pourchassés sans pitié sous les regards même des hommes du palais préposés au bonheur et à la sûreté des hommes de l'échope et de l'industrie !

« Chacun étant libre de penser, de dire, d'écrire et de faire tout ce qui ne peut nuire à autrui, la société ni aucun de ses membres ne peut donc le lui défendre. »

Et tous les jours le gouvernement oppose au labyrinthe du cerveau, ainsi construit pour dégager et faire arriver au dehors la pensée plus pure et plus limpide, oppose un labyrinthe inextricable d'entraves, de lois d'exception, d'interdiction ; labyrinthe cent fois plus contourné et plissé que le cerveau humain, comme pour embarrasser et étouffer entièrement la pensée, à mesure que celle-ci tend à se dégager et à se produire dans le monde politique !

Et toutes ces bases de l'association humaine, ces principes primitifs de toute société, ces droits sacrés de chacun et de tous, sont violés dans la place publique, violés dans la rue, violés au foyer domestique, violés dans les choses et dans les personnes, par les gouvernemens de tous les pays, qui méconnaissent plus ou moins leur origine, la souveraineté du peuple.

Partout le régime de la force brutale est substitué au régime des principes et du droit. Et sans remonter, pour notre gouvernement, jusqu'à l'origine des choses ; sans récriminer contre lui sur une échelle fatigante de torts innumérables, la destruction de toute législation sociale, de toute possibilité d'association humaine, n'est-elle pas dans ce nouveau code de barbarie rétroactive, qui a laissé à des ordonnances royales disposer du passé des hommes, et porter la main du bourreau où n'arrivent pas les atteintes de la loi ? dans les actes d'un pouvoir subalterne, qui fait à la fois des ordonnances sur la boue des rues et sur la boue des consciences, et qui enjoignait à un corps respectable de panser des blessures avec le poison des délations, et de venir laver ses mains, honorablement et humainement ensanglantées, à la piscine d'une police railleuse et insultante, pour les rendre propres et pures de tout soupçon ?

Et ce passé de cinq mois, tout hideux, tout désastreux qu'il est, messieurs, n'est rien en comparaison de l'avenir. L'avenir est gros de menaces. Une des chambres législatives est déjà saisie des tempêtes qui peuvent bouleverser la France entière.

Mais je m'arrête.

Dégageons notre tête et nos pieds de l'événement du jour, parce qu'il est quelquefois mesquin et plus souvent sanglant.

Rien ne doit ressembler, dans notre bouche, au langage rétréci des factions, nous en avons pris l'engagement. N'imitons point, en défendant le large principe de l'association, ceux qui, chargés du grand travail du gouvernement des peuples, croient s'en acquitter en labourant péniblement une pensée de la veille ou une vengeance de demain.

L'association humaine doit se refaire, et c'est à cette vérité incontestable que nous sacrifions repos, liberté, intérêts privés et même jusqu'à notre vie, quand l'association demande des martyrs au courage.

L'association humaine doit se refaire, et l'association se refait partout, parce que partout son véritable principe est méconnu ou faussé par le despotisme. Voyez l'Europe. Oh! qui oserait dire, sinon les organes intéressés d'un ministère aveugle, ainsi qu'ils l'ont avancé effrontément devant la nation, *que l'on ne connaît, que l'on n'aperçoit que des princes* dans les empires, à voir ce qui se passe depuis deux ans autour de nous?

Voyez :

Des capitales de l'Europe se découpent tout entières en damier pour faire les despotes échec et mat : voyez les barricades. |

Des nations, comme de brillantes étoiles, renaissent et s'éteignent: voyez la Pologne.

Des états se démembrent, des provinces se font royaumes : voyez la Belgique.

Des empires changent de drapeau, de foi politique et de dynasties ; des trônes croulent ou s'élèvent : voyez la France.

Il y a tout un enfantement de mondes nouveaux dans les nébuleuses de cet horizon politique Craintes ou espérances, fléaux ou prospérités, tout se remue en Europe sur une échelle gigantesque. Toutes les grandes contagions posent le pied de capitale en capitale. La métropole de la France, plus qu'aucune autre, en est visitée et les connaît; mais Paris en quinze jours, en quelques heures, comme un lutteur exercé, se délasse de ses fatigues insurrectionnelles. Il a de l'haleine pour toutes les étreintes, de la force pour toutes les émotions.

Il y a là, bien certainement, quelqu'autre puissance que celle des rois, profondément travaillée aussi de ce sourd mystère de l'association, de cette *sainteté de l'alliance.*

Et ne pensez pas que rien s'accomplisse au hasard

De grandes terreurs et de grandes joies sont envoyées aux peuples en commun, afin qu'ils sentent plus profondément le besoin de l'association et de la communauté.

Et comment la France nouvelle ne serait-elle pas en effet forte de mouvement et de tendance vers une vaste association?

Si d'un côté l'Europe des rois est levée à Paris, par lois d'inhospitalité, par organisation de police et de surveillance occulte et provocatrice : si un dixième de la capitale s'associe pour espionner les neuf autres dixièmes, au nom de je ne sais quelle corruption morale et de quel despotisme ;

D'un autre côté, l'Europe des peuples assiste et prend part aux mouvemens de la capitale de la France. Bruxelles, Varsovie, la Romagne, Neufchâtel, les Espagnes, tous les débris d'une première lutte, tous les exilés pour la cause des peuples, sont là : c'est un congrès de courages, un assaut de l'avenir, où les forces intelligentes de toutes les contrées sont engagées. Ecartez de Paris et de la France, tant que vous voudrez, les acteurs de l'association européenne ; livrez-nous nous-mêmes aux quatre vents du ciel, sous le souffle homicide de la loi-Barthe, vous ne sauriez empêcher que les veines françaises depuis deux ans n'aient été injectées de toutes les flammes patriotiques et généreuses; vous ne sauriez empêcher que le grand drame, clos dans son premier acte avec la restauration, n'ait été r'ouvert en 1830 avec les barricades, et ne marche, de péripéties en péripéties, à son immense et inévitable dénouement : la conquête des *droits de l'homme* qui nous avaient été ravis, et l'association républicaine du *monde civilisé* qu'on nous refuse.

Dégageons encore notre tête des évènemens qui s'accomplissent depuis deux ans, et transportons-nous sur un plan plus élevé, pour voir plus sûrement et de plus haut les destinées de l'association.

La fin du dix-huitième et le commencement du dix-neuvième siècles ont mis quarante ans à donner un premier coup de niveau, qui a fait descendre les classes privilégiées au rang de la bourgeoisie : un deuxième coup inévitable replacera la bourgeoisie dans le sein et à la hauteur du peuple ; car pour les peuples se niveler c'est grandir.

Les siècles, restés jusqu'ici aristocratiques, se montent et sont prêts à rouler, portés sur ces deux orbes : *l'emancipation* et *l'association* du plus grand nombre. Ce nouveau rouage mènera le genre humain fort loin !

L'époque actuelle sort de ligne. L'histoire en offre peu d'analogues, ou d'une aussi grande importance. La réforme religieuse, n'est même qu'un fait isolé ou précurseur, comparé à la réforme politique actuelle qui se prépare et s'accomplit.

C'est qu'il y a en effet un monde de sensations morales et physiques à parcourir, de la condition du berger à celle du conquérant, du crochet du chiffonnier au sceptre du monarque. Poussées par le besoin vague de se connaître soi-même, d'apprendre et de sentir surtout pour quel rêve imposant de la vie elles sont nées, toutes les classes inférieures de la société sont en marche aujourd'hui, pour parcourir cette échelle humaine de progrès, de jouissances, de douleurs, de tempêtes, d'ivresses, de naufrages, de succès... Et elles arriveront ! Il n'y a point de main capable de repousser l'homme du peuple vers sa chétive individualité passée. On peut bien, pour un certain temps, lui interdire la route directe, lui faire prendre le long tour, comme aux populations croisées allant au tombeau du Christ ; mais elles arrivèrent : mais il arrivera, l'homme du peuple !

Le fabuleux, l'inconnu, l'aventureux, le gigantesque, sont entrés de nouveau avec le 19ᵉ siècle dans la vie de l'homme; vous avez beau faire, vous ne sauriez maintenant les en chasser. Chacun se croit appelé. C'est un évangile de la liberté et de l'égalité, de l'association et de l'émancipation de tous, dont chaque homme se fera bientôt l'apôtre.

Les Français, considérés en masse et de haut, s'agitent bien moins de leurs passions individuelles que des passions et des besoins uniformes de l'Europe, dont ils sont comme les moniteurs et l'expression la plus élevée.

Le peuple en particulier s'agite, et la classe moyenne de la société française s'agitera également, le temps n'en est pas éloigné, de toute la misère, de tout le désespoir industriel qu'il y a au fond du *statu quo*. Et quel bourgeois de la grande ville, accoutumé par les jouissances de la presse, à faire chaque matin, à son lever, la revue de l'Europe, ne s'apercevrait pas, que de son comptoir, fermé depuis deux ans à tous bénéfices, les clés ne sont pas dans de petites ordonnances de prêt sur nantissement; mais à Berlin, à La Haie, à Vienne, à Milan, à Varsovie, dans une vaste confraternité d'hommes, où les nations se cautionnent mutuellement la liberté, et se portent solidaires, vis-à-vis l'une de l'autre, du bonheur et de l'indépendance politiques? Que c'est une Europe de peuples, une Europe de frères qu'il faut à l'industrie, à la paix, à la prospérité de tous; car je parle ici non d'une France *conquérante,* mais d'une *France émancipante* et libératrice des peuples.

Eh bien ! vous croiriez que c'est à ces passions qu'on s'applique à donner un cours? Vous croiriez que, maître de marcher à la tête de la civilisation et de l'association qui repoussent si énergiquement la barbarie qui vient éternellement du Nord, on aura le courage et l'habilité de se placer au moins sur un des pôles du monde moral, pour y peser du poids d'un grand empire et d'une grande pensée; et opposer la France à la Russie, la liberté à l'esclavage? Non : le pouvoir emploie tous ses bras à refouler ce grand corps, cette France de géans sur elle-même; à refouler dans l'étroite limite de sa politique compressive cet océan qui, depuis 1830, a reçu visiblement une nouvelle loi de flux et de reflux; à appeler ces grandes causes, et les puissans effets qui en dérivent, dans un style stupidement officiel, du nom de *conspiration,* de *conjuration,* de *complot* : admirables expressions en effet, à faire rouler dans la pente où la civilisation est entraînée...... où nous venons d'avancer un moment ensemble, messieurs!

Il est cinq heures. Le prévenu annonce que sa défense ayant une seconde partie il désire, vu son état de maladie, respirer pendant quelques instans.

Sur la demande d'un juré qui a soin de s'informer de l'assentiment des prévenus, l'audience est suspendue jusqu'à sept heures. A l'heure dite, les prévenus rentrent entourés de leur nombreux amis, et, la cour installée, le citoyen Desjardins continue :

Vous croiriez peut-être que si le gouvernement français a le défaut grave de ne pas tenir compte des besoins du temps. les autres gouvernemens du moins ne participent pas de la même infirmité?

Pas du tout. Il n'y a de différence entre les fautes individuelles des rois et les fautes collectives de la royauté, que ces dernières sont plus énormes, plus saillantes en raison de ce qu'elles ne peuvent être imputées à aucun en particulier.

Après avoir respiré un moment. entre une bonne et une mauvaise chose, entre l'association légitime des peuples et l'association coupable des aristocraties absolues et des rois prédestinés; après avoir dessiné la personne des peuples. et ce qu'elle veut; voyons maintenant la personne des rois par droit divin, et le genre d'association qu'elle entend; car l'arrêt que vous allez rendre, messieurs, peut porter un très-grand caractère.

D'ici, sur ce même banc, vous donnez la main à Francfort et à Saint-Pétersbourg, ou bien vous relevez une longue suite de peuples à moitié courbés sous le poids du despotisme et des aristocraties. Et que sont-ils ces despotes par droit divin. ces rois absolus et prédestinés, pour travailler aussi violemment à l'association des hommes ?

Et quelle sagesse est la leur . que de colporter le mystère et l'aveugle foi sous la pourpre, et de tout expliquer comme de vieux prêtres traditionnels mentant au genre humain depuis la création?

Trop au large dans l'immense vaisseau de la *volonté générale*, de l'association de tous . de la *souveraineté du peuple,* où la providence moderne a ses ateliers, et forgera dorénavant ses lois.

Trop ignorans des choses pour estimer la force des nécessités actuelles, et aveugles comme toutes les têtes qui emprunteraient des yeux de quatre mille ans pour voir dans le siècle . ils voudraient encore de nos jours faire des ruines de l'intelligence des *Rois* absolus et prédestinés le sanctuaire de toute souveraineté, et rendre à notre âge les conseils de cette majesté , vénérable j'en conviens, comme débris d'antiquité, comme témoin d'un ancien ordre de choses, comme sont les sphynx d'Egypte, les mystères des grandes pyramides ou les harmonies de la grosse tête de Memnon ; pitoyables comme actualités, quand toutefois il ne leur arrive pas d'être sanglans , atroces.

Au lieu de se pencher sur leur propre cœur, pour se rendre compte de ses pulsations et y rechercher les lois qui dérivent de l'organisme humain. Au lieu de ne constater dans les actes de l'homme isolé que ce qu'il peut donner : de l'homme ; et dans les rapports des hommes entre eux, que ce qu'ils peuvent produire : de l'homme collectif.

Afin de pousser les peuples dans les ténèbres, et marcher eux-même à tâtons (comme ils diraient dans leur langue sacerdoto-royale que je leur emprunterai un moment, pour me faire mieux comprendre, et vous communiquer ce que je ressens pour eux), ils continuent de prêcher, comme on a prêché pendant des siècles, je ne sais quel gouvernement occulte, en dehors du cercle des sensations humaines, et de placer la providence sociale ailleurs que dans la fibre de l'homme.

Qu'une pensée à l'usage d'un peuple, par exemple, et dans des proportions adéquates, tombe d'une tête d'homme, et prenne cours au milieu du corps social ; vainement la voient-ils s'étendre, se fortifier de toutes les idées corollaires, s'arrondir de proche en proche, et après avoir pénétré et rempli jusqu'à la dernière intelligence, faire explosion ; et la nation alors faire un pas. Ils appellent ce mouvement naturel des choses et ce langage visible des faits : *Providence ! mystère !*

Qu'une nation d'un autre côté, ainsi qu'un homme se repose un ou plusieurs jours de ses fatigues ou de ses émotions, qu'une nation mette, en raison du nombre, une ou plusieurs années à répandre le mouvement dans la direction imprimée par un révolution, comme il est arrivé tant de fois à la France nouvelle, en marche depuis quarante ans. Ils appellent ce retrait apparent, cette lassitude naturelle, *le bras de la providence ! l'énigme du gouvernement d'en haut !!* Ce sont toujours pour eux autant de luttes entre Jacob et Dieu, dès qu'un peuple a osé prendre à la main le bâton du voyageur et marcher dans le chemin du progrès et des révolutions.

Ils ont continué parmi nous l'invention de je ne sais quelle longue échine courbée à moitié ciel, (gigantomachie que j'utiliserais peut-être assez volontiers dans l'Épopée, mais que je rougirais d'ignorance au dix-neuvième siècle d'employer comme machine à gouvernement) ; de je ne sais quelle face miraculeuse, qui les regarde d'en haut et haleine sur eux pour leur communiquer de l'inspiration et du mouvement. Sans songer que le miracle providenciel et de tous les jours, est dans la structure bien autrement merveilleuse des organes de l'homme, né dès le commencement pour bâtir de la société et maçonner du gouvernement, comme l'abeille, l'hirondelle ou le castor font de la ruche, et maçonnent des nids et des maisons de boue à leur usage.

Et où ce beau système de leurs devanciers a-t-il mené le genre humain ?... Où la Russie voudrait aujourd'hui mener l'Europe. St-Pétersbourg, Constantinople et Babel, sont des foyers d'une même prédication.

Après n'avoir pas rougi de faire descendre la face de Dieu sur leur tête, et d'enfermer dans le corps de l'homme le spectacle du

magnifique univers, il était tout naturel d'offrir l'homme lui-même
à l'adoration. Et ils ont déifié la force brutale et sanctifié l'obéis-
sance aveugle. Et ils ont converti la pierre de l'autel en pierre du
trône. Et vous avez eu cette brute asiatique et apocalyptique des
rois absolus et de droit divin, mère de toutes les royautés possibles, assise sur les épaules du peuple, comme autrefois s'asseyait
cette cité appelée du nom *d'Éternelle*, prenant ses 4 ou 5 mille
ans d'existence pour 4 ou 5 mille ans de miracles.

Au point où est parvenue la civilisation des modernes, il n'y aurait qu'à hausser les épaules et hocher la tête sur la stupidité de
cette brute.

Si elle ne forçait, comme elle le fait en Allemagne, toute langue
à s'attacher au palais, et toute main à sécher sur le papier, en écri-
vant et exprimant les mots sacrés d'indépendance et liberté!

Si une inquisition politique n'était placée par elle auprès de
chaque pensée secrète, un tribunal auprès de chaque parole am-
biguë, un horrible bruit de chaînes à côté de la moindre intempé-
rance de langue, un échafaud à côté de chaque fleur ou nœud de
ruban d'une certaine couleur attaché à la boutonnière de l'habit;
une diète fédérale assassine à côté de chaque velléité d'association
pour l'expansion des lumières du siècle !

Si elle ne réduisait les enseignemens de la presse périodique
et les grandes paroles qu'il y a dans l'imprimerie à ne brû-
ler d'encens, à ne se montrer habiles, qu'à la façon de ces
vieux mages Chaldéens, expliquant laborieusement, chaque jour ,
les levers et les couchers, les cauchemars et les démences, les
chasses et les galas du colosse royal troublé dans ses pensées et
ses digestions!.... Jusqu'à ce que la liberté de la presse, prophé-
tesse véridique, explique enfin sur les murs de la salle du festin
l'arrêt mystérieux de la chûte de tous les despotes, écrit de la main
formidable du peuple, et le décret de l'association!

Il n'y aurait qu'à hocher la tête sur la stupidité de cette brute,
si ces actes épouvantables aux bords de la Vistule, ne provoquaient
les rugissemens de tout ce qui a poitrine d'homme et de lion...
Ecoutez! car mes paroles descendent sur un peuple de héros qui,
lui aussi, s'était associé, et, pour le réchauffer, avait commencé
de se rasseoir au foyer de la patrie. Ecoutez! car il y a de l'avenir
dans mes paroles, de l'avenir pour la France, que vous comprendrez peut-être sans que j'aie besoin de l'expliquer.

« Lorsque le feld-maréchal, prince de Varsovie, passe dans
« les rues, dit un narrateur fidèle, quiconque n'a pas le dos pro-
« fondément courbé et la tête découverte pour faire honneur à son
» altesse, et jusqu'à ce que le dernier homme de la suite du prince
« soit passé, est sur-le-champ saisi et jeté dans les prisons par les
« cosaques....

Jurés Français, il n'y a qu'un pas, des honneurs avilissans qu'exige l'Aman du Nord, à la courageuse résistance de quelque Mardochée Polonais, à celle que vous prendriez vous-mêmes si vous étiez ainsi provoqués, et delà à l'extermination d'une nation entière. Car, certes, un orgueil asiatique aussi démesuré, ne se trouverait pas suffisamment vengé par la chûte de la tête de quelque vétéran d'Austerlitz ou de la Moscowa, blanchie d'héroïsme et de fierté nationale.

Effets vraiment merveilleux de l'association des forces aveugles et brutales !

Des mères ont été vues, courant comme des insensées à travers les rues et les places publiques des grandes villes, en poussant des cris affreux : les enfans sont emmenés en captivité !

Les nourrissons, les nourrissons même de l'hospice et de la pitié publique appartiennent à la cruauté impériale. Dans la main du timide orphelin, au lieu du hochet de la bienveillance, on a mis la baguette ensanglantée du tambour ; le cosaque remplace la sœur de charité. Et le sommeil inoui, mais calomnieux, de la tour du temple, est peut-être celui de milliers de rejetons du peuple Polonais. Il n'y a qu'un autocrate au monde, capable de se déclarer ainsi le père des orphelins qu'il a faits !

Rien de la politique et de la cruauté des rois n'a vieilli. Varsovie saigne aujourd'hui des mêmes blessures qui déchiraient, il y a trois mille ans, la Jérusalem du prophète.

La fleur de la population, l'élite des jeunes hommes est traînée en exil vers des terres qui avoisinent le Pôle, ou incorporée, à mille lieues de là, dans des hordes armées de Tatars ; et le sort des uns comme des autres est également effrayant ! Ils vont là pour juger qui durera désormais le plus de leur vie ou de l'écorce du pin de la Sibérie ; qui se brisera le plus vite de leur cœur privé de la patrie ou des rochers éternels du Caucase.

Ces caravanes désarmées, voyagent flanquées de Russes armés jusqu'aux dents. Trois hommes contre un, canons en tête et en queue de la colonne. Chaque poitrine polonaise est assiégée de l'appareil d'un camp. Ce n'est pas trop pour l'héroïsme, c'est à peine assez pour la vengeance. Les oiseaux de proie sont toujours du voyage. Une entorse ou une ampoule qui retarde le pas d'ordonnance exactement mesuré, suffisent pour livrer le prisonnier au fossé de la grande route, la tête vidée de cervelle par la carabine du cosaque ou le pistolet de l'officier russe. Comme les gardiens d'un parc de bœufs qui suit les armées, ils ne sont tenus de livrer, à leur arrivée, qne ce qui n'a pas été tué en route. Souvent même, sur le plus frivole prétexte de mutinerie, le cadre de l'escorte est arrivé à l'étape, vide des prisonniers. Une tuerie générale dans la forêt prochaine avait servi d'un repas complet la table du loup et des vautours.

Et l'on défend au peuple français l'association de 21 hommes libres !

Jurés !...

« Une dame polonaise, qui a des opinions tout-à-fait russes, « la comtesse Branetzka, a donné à l'empereur 12 mille jeunes « filles pour les colonies russes. » (*Gazette d'Augsbourg.*)

Français! comprenez-vous tout ce qu'a de profondeur cette calamité du foyer paternel ? Douze mille de vos filles envoyées par une dame complaisante dans un haras d'étalons russes !

· Et ne dites pas : Ces calamités me sont étrangères, ces maux sont loin de moi !

Ah ! jurés !

Nous demandons si ce mot *frère !.... frère !....* ce mot si doux et l'expression la plus pure de l'association, renvoyé pendant un an de la Vistule à la Seine, de la Seine à la Vistule, ne faisait pas, comme vos cœurs et vos bras. tressaillir et vibrer toute la chaine électrique des peuples intermédiaires ?... Nous demandons si l'Europe des peuples n'écoutait pas avec anxiété, si la France, dans la Baltique et la mer Noire, sur le Rhin et les Alpes, ne commençait pas enfin, audacieuse partenaire des nations affranchies à son exemple, cette gigantesque diversion que le canon de juillet 1830 semblait promettre, et était capable d'opérer contre l'Europe des rois?

Nous demandons si les mains françaises et polonaises n'auraient pas pu se joindre à travers l'Europe, dans une campagne, et se presser fraternellement dans les mains italiennes, allemandes et esclavones?

Nous demandons si le canon incendiaire pointé contre Praga, en haine de Paris, n'a pas été entendu de toute la France? Si la frontière Russo-Polonaise, qu'il importait de tracer de la Baltique à la mer Noire, n'était pas une frontière française en 1830 ; et Varsovie un faubourg avancé de la grande Cité, qui laisse, aujourd'hui que la seule barrière qui existât de la Vistule à la Seine est tombée, un des flancs de Paris à découvert, et la France à la merci de l'étranger ?

Et l'on nous défend l'association de 21 hommes libres!

Et ne dites pas : Ces maux sont loin de moi! car ils s'associent eux, et par millions, de serf à seigneur, d'esclave à maître ! toutes les forces aveugles et brutales sont rassemblées et en mouvement sous leur main.

Le flot russe, le flot des hommes du Nord approche tous les jours de nous. Ces populations, originairement descendues des hautes chaines de montagnes de l'Asie, qui forment l'épine dorsale du monde, dans l'Impuissance de franchir par le midi les plateaux aujourd'hui desséchés et décharnés de la grande Tartarie, demandent à tourner l'ancien monde par l'ouest, afin d'accomplir la loi de leur nature qui, de temps immémorial, les porte à chercher le soleil.

La Russie, ou plutôt le système d'esclavage, d'oppression et de féodalité que son nom représente ici, a des auxiliaires et des forces distribuées depuis le cap de Béring jusqu'au détroit de Cadix.

Et l'on défend au peuple Français l'association de 21 hommes libres !

Quand voici venir le temps de ce que je demande ici; car ce qui se consomme aujourd'hui en Pologne, se prépare pour moi, pour vous, jurés; pour vos enfans et vos femmes; pour l'ouest et le midi de l'Europe; si l'ouest et le midi, si vous et moi, et tout ce qui a cœur de patriote, ne nous réveillons de notre assoupissement, et ne nous tendons les mains dans une large association.

L'épouvantable système colonial des Romains ; le transport et le déplacement des peuples, à l'asiatique ; les Assuérus, les Nabuchodonosor, ont recommencé de nos jours : et Babylone et Varsovie doivent nous enseigner Paris !

Quoi! liberté pleine et entière pour toutes les associations industrielles?

Et défense permanente pour la première de toutes, le progrès de la pensée; de la pensée politique et gouvernementale ! Pour ce qui substitue le droit au fait, la légitimité à la force; le règne du principe à l'exploitation de l'homme par l'homme, la propriété de soi-même à la dépendance, au servage, à l'esclavage ; la vie à la mort enfin?

Quand le gouvernement s'associe, lui, par organisation de police délatrice, provocatrice et meurtrière ; quand le gouvernement enlève à la civilisation, ce qui noue et cimente les hommes entre eux, ce qui donne de la cohésion à toutes les parties du corps social, ce qui sauve et conserve les sociétés, le respect de la loi!

Vous défendez à l'homme qui sent la dignité de tous les hommes, la dignité de l'homme du peuple surtout, et qui veut travailler de tous les efforts de sa pensée et de son dévouement, à le relever de dessous son fardeau de misère et d'infériorité; vous nous défendez de grouper, d'associer les forces morales et les capacités, en opposition à ces forces matérielles, aveugles et brutales !

Après avoir vous-mêmes deversé les mépris sur l'article 291, vous le choyez, vous le relevez. Quoi! dans le moment même où vous flétrissez, dans vos projets de législation à la chambre des pairs, les plus saintes, les plus inviolables des lois!

Quelle est donc cette amère dérision des choses et des hommes ?

Je n'ai pu être bref. Je devais m'appuyer des intérêts généraux. Je devais sortir de mon individualité, même de celle de la Société des *Amis du Peuple*. Qu'est-ce en effet qu'un soldat ou un petit peloton d'hommes perdus dans les immenses spirales de la Babel unitaire, qu'élèvent en commun les familles française, allemande, italienne et esclavonne; si ce soldat et ce même peloton, venant à être frappés de la main égarée de la justice, ne sont tout retentissans du bronze uniforme et sonore qui revêt la colonne impérissable ?

J'ai essayé de vous communiquer de la sympathie pour l'association légitime des peuples et des hommes libres, comme de vous faire partager le profond dégoût que je ressens à la vue de l'association des rois absolus.

Par ce que j'ai peint de ces derniers, vous avez dû vous croire dans un autre siècle, et cependant, messieurs, vous êtes restés dans le nôtre.

Jurés!... une cour de justice a cassé dernièrement la mise en état de siège d'une grande cité par un gouvernement ; aujourd'hui une simple association avec vous (et j'ajouterais même, avec ma franchise accoutumée, sans vous, si vous n'étiez pas épris du côté imposant de votre rôle de juré d'aujourd'hui), peut casser la mise en état de siège de l'Europe, par toutes les tyrannies coalisées et combinées, et renvoyer un contre-manifeste à cette diète de Francfort et à cet autocrate, qui ne reconnaissent de peuples qu'enchaînés au joug de leurs volontés. Dans ce procès pendant, ils ont pour eux la galerie des rois; vous, messieurs, la galerie des peuples.

Le sort du monde civilisé tombera-t-il tant de fois, depuis 1830, en des mains qui n'en sentent pas le poids ; ou le levier rencontrera-t-il ici un bras d'homme véritablement homme, pour point d'appui, et qui comprenne quels services rendraient à la patrie et ce que pourraient remuer les sociétés populaires dans le cas d'invasion?....

A l'avenir! à l'avenir! messieurs! Détournons nos regards d'un présent qui serait une source de désespoir, sans l'association des hommes libres et de toutes les forces intelligentes! Si c'est une affreuse pensée que celle mise en œuvre par l'association russe :

Dans cinquante ans l'Europe sera cosaque,

Certes, elle est noble et grande la pensée qui lui est opposée, la pensée qui est en chantier parmi les peuples :

Dans cinquante ans l'Europe sera république !

(Applaudissemens ; sensation profonde.)

Félix Avril a la parole et s'exprime ainsi :

Messieurs les jurés,

Bien que je sois un des quatre prévenus à l'égard de qui l'accusation n'ait pas été abandonnée, je me regarde comme suffisamment fort de la moralité de notre cause, et de l'immoralité de l'art. 291, pour croire que je puis m'abstenir d'argumentations nouvelles.

Toutefois je dois protester contre l'étrange prétention qu'élève ici le parquet, de nous faire demander l'agrément du gouvernement; du gouvernement qui n'a existé qu'après nous, et qui pour s'installer nous a demandé, à nous, notre agrément, lequel nous lui avons refusé en juillet, comme nous le lui refusons aujour d'hui, comme nous le lui refuserons toujours.

Je dois protester également, messieurs les jurés, contre cette invocation si fréquente des lois de l'empire et de la république, par un pouvoir à qui la république fait peur, à qui l'empire fait honte.

Quant au reste, quant à ce qui concerne les droits et les avantages de l'association, ce qui vient d'être dit à cet égard par mes amis me semble avoir été bien dit; je n'y ajouterai rien. (Approbation.)

Ici un incident est causé par M. l'avocat-général qui demande, quoiqu'un peu tard, s'il ne faudrait pas borner le droit de défense à ceux des prévenus contre lesquels ont été plus spécialement maintenues les charges de l'instruction. Tout au contraire du président, lequel déclare que la défense ayant jusqu'ici été collective, il ne se reconnaît point le droit d'interdire aux prévenus présens-aux débats, les moyens que chacun d'eux pourra croire propres à favoriser leur cause commune.

Le président. La parole est au prévenu Gaussuron-Despréaux.

Gaussuron-Despréaux. Mon *numéro d'ordre* m'obligerait à répondre au ministére public, si M. le présidentn'avait pris soin de le faire pour moi par les paroles même que vous venez d'entendre. On se tromperait fort en nous croyant ici seulement pour repousser des accusations isolées. Si, comme dans les procès ordinaires, nous n'avions à stipuler devant le jury que pour notre compte individuel, nul de nous n'eût élevé la voix, accoutumés que nous sommes à faire peu de cas de ce qui ne tient qu'aux intérêts privés. Mais nous sommes admis à défendre un droit, une liberté de tous, et sous ce rapport il n'est pas, je ne dis pas de membre de quelque association, mais de citoyen qui ne dût se faire un devoir de dire quelque chose en leur faveur. Que sera-ce donc pour nous, à qui le parquet semble en avoir favorisé la mission spéciale? Le parquet semble souffrir avec peine des discours dont la portée va plus loin que cette enceinte ; on veut bien, pour en finir, faire grâce à quelques-uns d'entre nous d'une légère amende! Qu'importe? est-ce avec le fisc seulement que nous sommes aux prises? le débat nous a été ouvert; on doit nous entendre.

Nous tâcherons, moi et le prévenu qui doit parler ensuite, de compléter la défense commune par quelques mots sur les sociétés populaires, qui sont la conséquence immédiate du principe d'association si éloquemment défendu par nos amis.

DÉFENSE DU CITOYEN GAUSSURON-DESPRÉAUX.

MM. les jurés,

C'est pour prévenir l'anarchie du corps politique; c'est pour opposer un juste frein à l'envahissement des pouvoirs et faire incessamment triompher les vœux et les intérêts de tous, de l'égoïsme
des castes et de l'ambition des particuliers, que toutes les constitutions fondées en vue de la liberté des peuples, ont simultané-
ment assuré des droits à l'universalité des citoyens et garanti la
faculté de se réunir pour s'instruire de ces droits et les discuter. Par le pacte seul que contracte l'homme en s'associant à
l'homme sous l'expresse condition de lui prêter et d'en recevoir
aide et conseil, cette précieuse faculté se trouve stipulée. Sans
elle point de sauve-garde contre l'oppression, point de collective
souveraineté, point de liberté de penser, d'écrire, de parler et
d'agir, point d'égalité, point de patrie. La tyrannie, qui ne dort
jamais, se lève à l'instant même où les peuples cessent de veiller,
et la garantie des gouvernés s'évanouit devant le caprice des gouvernans, si, lorsque la loi doit surgir de la majorité des volontés, l'opinion publique affaissée, sous le poids des restrictions,
perd jusqu'aux moyens de se former et de s'éclairer par le contact
de toutes les opinions individuelles.

Ces principes généraux posés, le prévenu passe brièvement en revue tous
les codes politiques qui jusqu'à nos jours ont reconnu ou proclamé, en faveur des peuples libres, le droit de s'assembler et de se réunir; les deux
constitutions des Etats-Unis, celle de Bogota, celle de Colombie, la dernière constitution belge, et parmi nous enfin toutes les constitutions depuis
1791 jusqu'à l'établissement de l'empire (1). Il montre les Sociétés populaires formées par un patriotique instinct bien avant le 14 juillet 1789,
ouvrant leur sein au débat de toutes les opinions, et trouvant dans la
première promulgation des *Droits de l'Homme* une sanction solennelle (2);
L'assemblée nationale régularisant, avant de se séparer, cette précieuse
institution par un décret spécial (29 septembre 1791); celui du 25 juillet
1793, stipulant de sévères pénalités contre les fonctionnaires publics ou
leurs agens qui auraient apporté la moindre entrave aux associations démo-
cratiques (3), et la convention, qu'on a si outrageusement accusée d'avoir
gouverné en dehors de l'assentiment du pays, ordonnant l'envoi de toutes les
délibérations des citoyens à son comité législatif, indépendamment de ce
que le droit de pétition en apportait à chaque instant à sa barre. A cette

---

(1) Les constitutions de l'an III et de l'an VIII ne firent que modifier l'institution des sociétés populaires.

(2) La *déclaration des droits* de 1793 va plus loin : elle dit que la nécessité
seule d'énoncer le droit de manifester ses opinions, suppose ou la présence ou
le souvenir récent du despotisme.

(3) Ce délit, qualifié dans le décret, d'*attentat contre la liberté,* entraînait pour
les fonctionnaires publics la peine de dix ans de travaux forcés; de cinq ans de
détention pour les commandans de la force publique, porteurs d'un ordre, et de
dix ans de la même peine quand ils avaient agi de leur chef. Les simples particuliers qui apportaient quelque empêchement à l'exercice du droit d'association,
étaient condamnés à cinq ans de fers et rayés du tableau des citoyens.

législature de bonne foi, M. Gaussuron Despréaux oppose celle qui, dans l'espèce, nous régissait avant la première révolution, législature renouvelée de nos jours par les dispositions de l'article 291, et les brutalités extrà-judiciaires employées depuis deux ans pour anéantir la faculté de penser en commun.

L'oppression, dit-il, n'est pas seulement rétrograde ; elle se croit désarmée si elle ne renchérit sur tout ce qui s'est fait. Les barbares édits de 1561 et 1567 confisquaient la personne et les biens de ceux qui tentaient de se réunir pour s'instruire de leurs droits communs ; aujourd'hui l'on a osé davantage. En face de la victoire du peuple ; sans ordonnance, sans édit, sans un préliminaire arrêt ; sur l'ordre seul d'un fonctionnaire obscur que gênait même le Code pénal, de paisibles délibérations ont été troublées par la force du glaive ; le sanctuaire de notre association s'est vu ensanglanté par les sbires ameutés contre nous, et les citoyens qui venaient y parler de patrie, on les a poussés, l'épée aux reins, dans les geoles du pouvoir, au milieu des rebuts de cette société qu'ils voudraient améliorer au prix de leur vie.

Mais enfin, messieurs les jurés, la persécution se décide au grand jour. Au bout d'une année entière que le procès qu'on vous soumet a reposé dans la poudre du greffe, on cesse de redouter la publicité du débat, et comme apparemment on se croit sûr de vos délibérations, c'est au nom de la loi qu'on nous conduit sur ces bancs, et que par un verdict on veut que vous nous enleviez à jamais jusqu'au droit d'épancher entre nous nos douloureuses pensées.

Qu'est-ce à dire, et que se promet-on de ce faux semblant de légalité au sein de notre régime d'arbitraire et de chaînes ? L'arme du bon plaisir secondait mieux le bras qui nous poursuit. Quoi ! pour nous un tribunal où la voix protectrice du jury peut se faire entendre ? pour nous des juges dont le bon sens se révoltera quand nous leur dirons que c'est au nom des garanties de la société qu'on se fait fort d'anéantir ici les droits sociaux les plus imprescriptibles ? Certes, il y a là, ou bien peu d'habilité, ou bien du mépris de l'entendement humain de la part de nos adversaires. Huit mois ne sont pas encore écoulés depuis qu'on a su faire intervenir Louis XIV pour transformer en délateurs tous les médecins, et nos criminalistes fossoyeurs n'ont à notre sujet rien exhumé de semblable ! Qu'ils fouillent ; qu'ils fouillent bien au vieux charnier monarchique ; qu'ils cherchent bien, car dans les fastes légaux de l'œil de bœuf, car dans les archives de la torture et des lettres de cachet, sommeille quelque part une *ordonnance de Blois*, qui, sous la prévention du crime de *lèse-majesté*, livrait à des cours sans appel, les *chefs et les directeurs* de toutes les réunions de citoyens, qualifiées par elle de *séditieux conventicules*. Voilà qui du moins allait droit au but, et l'on conviendra que cette législation du pouvoir d'alors avait le grand mérite d'être franche !

Le président. Prévenu, je prends ce moment pour vous adresser une question, car vous et vos amis me faites entendre dans vos discours une foule de choses que je ne connais pas.

Félix Avril. L'aveu est naïf !

Le président. Qu'est-ce que ces délibérations dont vous venez de parler, et qui auraient été troublées par la force brutale ?

Gaussuron Despréaux. C'est une chose que personne n'ignore. J'ai voulu parler de ce qui s'est passé au manège Pellier, au commencement d'octobre 1830; et le premier juin 1832, rue St.-André-des-Arts, n. 20. Cette dernière circonstance surtout doit nous être présente. Trente-deux membres de notre Société, au nombre desquels plusieurs de mes co-prévenus et moi, avons été ce jour-là indignement maltraités par les sergens de ville et conduits en prison de la manière la plus arbitraire.

Après cette interruption, le prévenu reprend son discours. Abordant le domaine de la discussion historique, il établit un point de comparaison entre les deux révolutions de 89 et de 1830, menacées l'une et l'autre à leur origine par la coalition européenne. Il fait voir ce qu'aujourd'hui comme autrefois auraient pu faire pour repousser l'invasion les sociétés populaires.

Il en est des institutions d'un peuple, continue M. Gaussuron-Despréaux, comme des qualités de l'homme individuel, dont on ne connait la juste valeur que dans les temps de crises. Aux grands jours de détresse de la révolution de nos pères, ce ne fut ni ce qu'on appelle aujourd'hui la force du pouvoir, ni l'or du peuple jeté aux mouchards, ni les revues d'apparat, ni les bariolages des rubans, ni le langage vantard des bulletins guerriers qui sauvèrent la France. Ce fut (les hommes de l'époque vous le diront) l'énergique ressort imprimé par les sociétés populaires. Quand juillet 92 se leva sur la patrie en danger; quand le tocsin du salut public vint réveiller les populations; quand les registres des armées se tinrent dans les rues; quand l'airain de nos temples se fondit en canons; quand la pique et le glaive naquirent par milliers sur l'enclume en plein air; quand la trompette réquisitionnaire appela tous les citoyens aux armes, une tâche immense et à jamais mémorable s'ouvrit pour ces associations patriotiques. Tout était alors comme aujourd'hui, misère et dissolution. Des factions sans fin, une traîtreuse corruption, de coupables trames; le délabrement de l'esprit public, une France aux abois, la guerre civile à nos foyers, et la coalition à nos portes : voilà ce que nous avaient légué l'étranger et les intrigues d'une cour perfide ; tout était à ranimer, à rallier, à sauver. A la voix de la *législative* et de la convention, les sociétés de Paris et leurs innombrables affiliées se mirent à l'œuvre. En un clin d'œil la recomposition du dedans et la résistance du dehors, tout s'organise. Municipalités, districts, départemens, cadres de l'armée, tout se renouvelle, tout se remplit d'hommes nouveaux à la conviction forte. Chaque club a ses soldats qu'il équipe à ses frais, qu'il envoie aux batailles; chaque barre populaire est un autel où s'accumulent de civiques dons; chaque tribune a son orateur qui, les décrets des représentans du peuple à la main, les développe et les rend impressibles à tous par sa parole brûlante. Rien n'est négligé pour embraser les cœurs, remuer les esprits. Aux terribles nécessités du moment, aux sublimes exemples de l'antiquité qui se déroulent sous leurs yeux, le timide ouvrier, le simple villageois sentent grandir leur être. De toutes parts on s'embrasse, on s'enrôle, on court en chantant au danger; et bientôt, grâce à ce magique enthousiasme, la France étonnée, haletante, mais pure toujours de la souillure ennemie, dicte des lois à ces mêmes tyrans qui d'avance se l'étaient partagée.

Oh ! comment l'histoire n'a-t-elle pas conservé tous vos noms pères de la liberté, vous qui accomplîtes de si sublimes choses,

Où sont les arcs triomphaux en votre honneur : où sont nos voix à jamais reconnaissantes, fils ingrats que nous sommes, nous qu'on révère encore aujourd'hui, nous qui triomphons encore par leur dévouement et par leur sang versé sans plus nous informer du coût de leurs bienfaits? Mais non! aux coupables qui ont prostitué leurs œuvres; aux méchans qui les ont dénigrés, aux perfides qui ont trahi, vicié leurs neveux, les honneurs, l'encens et les cent voix de la renommée : à eux, le silence et la calomnie! Ah! combien ils erraient dans leur cœur lorsqu'ils couraient pour nous à la mort comme au seul champ de repos de ceux qui fondent les sociétés nouvelles! Combien ils se trompaient, puisque les froides détractions de notre siècle dégénéré, agitent chaque jour leurs os jusque dans la tombe!

Mais ici je m'arrête, messieurs, car aux argumens que je viens de tirer du passé j'entends déjà ce qu'on oppose. Ces temps ne sont plus, nous dira-t-on; 1830 a sans retour payé la dette de 89; Tout est fini parmi nous; plus de révolution possible, et, reconnaissant enfin *que nous sommes sages*, l'Europe, toujours prête à nous flageller, doit briser à jamais ses féodales verges. Etrange prétention, funeste aveuglement! pour nous ce n'est pas au bruit du canon d'Anvers, à la vue de l'émoi de tous les cabinets, à l'approche de tant de bataillons dont l'alliance des rois ceint à petit bruit nos frontières désarmées, que nous croirons à un calme horizon, à un avenir purgé de tout orage! ce n'est pas aux cris de vingt millions de Français s'agitant pour leur affranchissement que nous dirons: Le prolétariat n'est plus, la révolution est finie! Eh quand il serait vrai que nous vécussions en temps normal; quand l'Europe aurait cessé de nous redouter; quand le marasme qui nous ronge n'appellerait plus de crises; quand l'intelligence pauvre et le travailleur obscur et vertueux seraient assis enfin au banquet social, parce que la paix et l'égalité seraient fondées parmi nous, faudrait-il leur ravir les seuls gages de leur durée? Ne serait-il plus de progrès possible en fait de bonheur commun ? La patrie ne serait-elle plus sacrée pour nous, qu'il fallût s'affranchir du soin de s'en occuper, et la liberté est-elle un bien si indifférent, qu'on doive cesser d'y songer dès qu'on l'a conquise? mais nous n'en sommes pas là, messieurs! et ne voyez-vous pas que ces prétextes dont on nous berce, tirés d'un état de libre repos qui n'existe pas, n'ont pour but que le maintien indéfini de ce qu'ont enfanté les temps réactionnaires? Ne savez-vous pas que ces dispositions légales, invoquées avec tant de soin contre nos associations, c'est le bourreau de notre émancipation; c'est l'usurpateur du sang des martyrs immolés pour elle; c'est le violateur des garanties et de la représentation du pays; c'est l'auteur du 18 brumaire enfin qui les a faites? Ne savez-vous pas que ce code fatal qui nous est opposé, signala le dernier soupir de nos libertés mourantes? ne savez-vous pas que celui qui avait conçu de détourner à son seul profit les efforts d'un grand peuple; de substituer l'esprit du sabre à l'esprit national, et de reconstituer enfin l'ancien régime détruit voulut, après s'être fait des législateurs de divan et des sénateurs momies, enlever à la nation jusqu'à la possibilité de surveiller ses empiéte-

44

mens et cela, vous le pensez, non pas parce que la France était
pacifiée ou la révolution finie ; mais parce qu'il avait résolu de
faire rétrograder l'une et l'autre à sa manière ?

Que le pouvoir qui veut nous atteindre aujourd'hui, cesse donc
de se targuer d'une origine qu'il dit révolutionnaire, ou bien qu'il
cesse de demander au pays, par l'organe de ses magistrats, une ré
pression pénale contre nos sociétés ; car ces sociétés politiques dont il
médite la perte, sont filles de la révolution ; car elles ont bien mérité
du pays en le sauvant ; car des magistrats ont élevé la voix contre
leur anéantissement ; car le pouvoir lui-même s'est incliné devant
le principe immuable qui les autorise. Rappelez-vous la cour d'appel de Rennes, flétrissant en l'an II la dictature législative de
l'art. 291, comme attentatoire *aux droits des citoyens*, comme *indi-
gne de figurer au Code d'une nation libre* (1). Rappelez-vous 1814
dont le premier soin fut d'organiser les clubs sous le canon de
l'ennemi ; rappelez-vous enfin cette tribune de la royauté d'août,
dont le ministre encore tremblant sous la logique des faits, vint
proclamer en faveur de tous, le droit de s'assembler et de se réunir, et promettre solennellement l'abrogation d'une lâche pénalité
qui implique offense à la souveraineté du peuple. La police, vous
le voyez, ne s'était pas encore arrogé la prétention d'être le seul
précepteur politique des Français ! et si toute autorité plus loyale
venait à nous manquer pour la cause que nous défendons, les paroles de la monarchie sont là ; nous irions les prendre au *Moniteur*
de 1830. Celles-là, du moins, sont enregistrées. On essaierait en
vain d'en tourner le sens, ainsi qu'on a fait depuis des promesses
vaporeuses de l'Hôtel-de-Ville.

(Marques d'approbation ; mouvement dans l'auditoire, qui se manifeste
à la lecture donnée par le prévenu de quelques passages des discours du
sieur Guizot, dans les séances de la chambre du 25 septembre et du 4 octobre 1830.)

Appréciez maintenant, messieurs, toute la candeur de l'accusation qui nous poursuit. Ce régime, venu non pas par nous mais
après nous, a sacramentellement proclamé nos droits, bien que
nous n'ayons pas été appelés à sanctionner les siens, et parce que
nous voulons les exercer, il nous frappe. Rien n'a manqué à la légalité de nos assemblées, pas même l'octroi de son approbation,
et comme une arche sainte il garde dans ses lois une disposition
pour les dissoudre. N'est-ce pas là, comme vous l'a dit un de nos
amis, l'aveu le plus naïf qui puisse être fait d'un plan systématique
d'arbitraire ? Vous ne le consacrerez pas par votre verdict,
MM., nous en sommes sûrs ; vous n'autoriserez pas par vos délibérations, une injustice aussi bizarre, à moins toutefois que vous
ne proclamiez avec nous, qu'en fait de droits sociaux et de libertés
on doit prendre soi-même et sans recours à l'aide d'autrui ce que
nous partagent la nature et l'humanité ; à moins que vous ne re-
connaissiez ici, que la force brutale est appelée seule à triompher
des tyranniques institutions, et qu'un peuple ne s'en débarrasse
à jamais qu'en se levant tout entier pour les abattre ?

Singulière position de gens qui, entés en parasites sur une revo-
lution qu'ils n'ont pas comprise, se sont imposé la tâche de l'é-
touffer en s'appuyant des principes même qui l'avaient fondée !

____

(1) Observations sur le projet du Code criminel, 2 fructidor an XII.

Galba, qui n'était pas encore empereur, feignait de dormir, tandis que Mécène séduisait sa femme; mais il s'éveillait à volonté pour éloigner tout observateur incommode. Telle a été la conduite de nos persécuteurs à l'égard du droit d'association qu'ils ont reconnu en théorie, alors, qu'ils essayaient de se populariser; mais qu'il leur a fallu proscrire en réalité, parce qu'il leur suscitait trop de surveillans de leur marche réactionnaire. Je vous ai dit plus haut leurs violences contre nous; que serait-ce donc si j'allais dénombrer leurs ténébreuses perfidies? Vous verriez nos délibérations sans cesse exploitées par eux, pour effrayer l'esprit public et nous aliéner le patriotisme timide; de hauts fonctionnaires que les lauriers de Fouché ne laissaient pas dormir, accolant un complot à toutes nos réunions; un sténographe clandestin, prenant place parmi nous; et la police arrangeant dans ses bureaux les notes de ses affidés pour en extraire un fantôme par jour et souffler contre nous les plus dommageables calomnies. Pas de lutte de carrefour, pas de machination mort-née dont on ne nous ait fait honneur comme exécutans ou comme mobiles. On travaillait sur nous comme sur une table rase dévolue aux essais de nos apprentis Vidocq; nous vivions dans *un état de siège* anticipé. On nous saisissait au passage comme matière à conspirations toute trouvée, toujours prête; on s'exerçait à nous traquer comme suspects au petit-pied, propres à tenir en goût de brutalités les préposés à la tranquillité des rues. Notre monarchie abonde en Cicérons, et nous étions, nous, les Catilinas, rêvant incessamment le meurtre et les discordes civiles!

Calculs avortés que tout cela, messieurs, ruses de guerre dont la corde a blanchi! Des émeutes! des complots! en vérité j'ai ri de pitié depuis deux ans, en voyant tous les jours placer la mesquinerie de tels moyens face à face avec notre grande cause. Des complots? demandez qui les a faits à ceux qui les exploitent. Des émeutes? dressons une tribune populaire, où mugit le forum de la sédition, et vous en verrez le remède! Des émeutes! à nos associations seules était peut-être acquis le droit de les calmer sans retour, car notre oreille a reposé seul le cœur de ceux qui souffrent. Que le peuple se lève et qu'il lui plaise de conspirer demain : comme il ne fait rien qu'au grand jour, vous ne le rencontrerez pas sans nous; mais jamais non plus vous ne nous trouverez sans lui, car il s'est assez grandi de nos temps pour qu'à lui seul appartienne désormais l'honneur d'être son Guillaume Tell, son Mazaniello, son Gracque. On a pu naguère, je le sais, travailler pour lui sans l'appeler à concerter les coups; ça été même à toute époque le droit, le devoir des hommes progressifs, durant ses phases de sommeil, et malgré les cachots, malgré les persécutions et l'échaufaud, le carbonarisme a su remplir, au siècle où nous vivons, cette glorieuse tâche. Mais comme il ne leur a pas été donné de formuler hautement ce qu'ils voulaient, les patriotes ardens voués à cette célèbre association, se sont trouvés désarmés pour fermer la porte à la déception, à l'apostasie. Après leurs grands combats, des hommes sont venus, chefs ignorés pendant le danger, qui ont pris sans la demander la part du lion dans la distribution des dépouilles. Faits monarchistes en un tour de main; troquant leur poignard de Brutus contre une marotte de cour, ces républicains d'emprunt n'ont semblé saisir le pouvoir que pour persécuter les braves compagnons restés fidèles à leur sainte cause. Renégats de la liberté, ils s'en sont, comme c'est la règle, montrés les ennemis les plus furieux, et par cela seul, les ingrats! qu'ils n'étaient rien que par elle, ils n'ont point été satisfaits qu'ils ne l'ai eue courbée sous leurs lois parricides. Certes, nous avons trop gémi de telles fatalités, messieurs! c'est pour éviter d'y retomber que, par la presse et par la parole, nous avons jusqu'ici redit à tous qui nous sommes, ce que nous pensons, où nous allons; et si, dans un avenir qui nous appartient, quelque démocrate sorti de nos rangs (me préserve le ciel d'en concevoir la pensée!) forçait nos fronts à rougir pour lui comme ils rougissent pour les apostats de l'héroïque charbonnerie, la France, oui, la France entière serait là pour l'accuser et le traîner aux gémonies de la réprobation, sa profession de foi républicaine à la main et la joue toute chaude encore de la publicité de ses actes.

Mais de tels affronts ne nous sont pas réservés : tous nos amis sont purs ; nos rêves n'ont rien de l'ambition, et nos desirs ne sont pas de ceux qu'on met aux prises avec l'ignominie. Nous ne redoutons rien pour nous : Nos adversaires n'en sauraient dire autant, car nos voix qu'ils étouffent en vain ne sontpas les seules à leur dire leur destinées ! Voyez plutôt si depuis que nous nous taisons le ciel est pour eux devenu plus serein, si le peuple ne les a plus maudits, si le signe de Balthasar a cessé de les menacer dans leurs traitreuses joies ! Oh! non, car tenaillés qu'ils sont par la peur, tout jusqu'à l'homme libre qui les fuit, jusqu'au prolétaire qui dévore sa faim, jusqu'à l'intrigante aux abois qui les joue : (1) tout leur est larve et fantôme! Non! car poussés par un invincible arrêt, ils endossent d'eux-mêmes le linceul de tous régimes tombés, en leur volant pauvrement leur ossuaire de lois d'exception et de tyrannie.

Mes amis en ont trop et trop bien dit, messieurs, pour qu'à moi revienne la tâche de vous faire sentir qui vous êtes et ce que vous allez faire. Quand le jour est venu pour la réforme des institutions d'un peuple, l'impérieuse nécessité se fait jour par le travail de toutes les opinions et la vôtre doit désormais hâter puissamment la régénération de nos codes. Cette précieuse faculté de s'assembler et de se réunir, par qui l'homme en société résiste aux atteintes du plus fort, brave les embûches du mensonge et goûte les charmes de la civilisation ; cet heureux instinct de voir, de sentir, et d'agir en commun, par qui se sont faits tous les progrès dont s'honore l'humanité; par qui les intérêts locaux, la défense du sol, le commerce, l'industrie, les lettres et les arts trouvent de si fertiles développemens, on ne voudra pas l'anéantir quand il s'agit du bonheur politique; et l'amour sacré de la liberté n'obtiendra pas moins qu'on n'accorde chaque jour aux occupations les plus futiles. Que si votre verdict venait condamner nos patriotiques soins; si vous vouliez nous faire sentir que, mis

---

(1) La facétie du 19 novembre.

en dehors du droit commun par une constitution faite toute à votre profit, le prolétariat qui s'appesantit sur nous n'est que l'esclavage sous un autre nom; si de tristes préventions qu'il ne nous a peut-être pas été donné d'effacer, venaient s'unir à la malignité du pouvoir, pour humilier en nous cette nouvelle génération qui désire et qui pense ; la tête voilée de douleur nous attendrions ce temps, qui ne saurait être loin, où l'étude et la discussion des grandes vérités cessera de porter ombrage. Mais à la veille du terme de nos réactions; quand la voie du populaire affranchissement s'ouvrira devant nous large et franche, de cruels regrets viendront peut-être agiter vos cœurs : car jusqu'à ce jour désiré, vous aurez interdit aux hommes loyaux de se préparer mutuellement à l'exercice des publiques vertus, tandis que les égoïstes, les traitres et les ambitieux sauront bien, éludant vos décisions, se voir, se réunir et se concerter, pour exploiter jusqu'à la fin les souffrances de la patrie. (Vives marques d'approbation.)

Le président. Le prévenu Delamarre a-t-il quelque chose à dire?

Delamarre. MM les jurés ont entendu nos amis : ce qu'ils ont dit sera mon unique défense.

Plagniol. Je renonce à la parole.

Le président. La parole est au prévenu Plocque.

DÉFENSE DU CITOYEN PLOCQUE.

Messieurs,

Il y a quarante ans , quand la France , par un changement brusque et miraculeux , passa de la servitude du moyen âge à la liberté la plus illimitée, la face entière du pays se couvrit en un instant d'un vaste réseau d'associations politiques.

L'homme du peuple, esclave tremblant du seigneur féodal, serf de glèbe, se trouva tout-à-coup transformé en puissance délibérante. Là, il vint faire l'essai de son métier de citoyen et commença véritablement son éducation politique. Là il apprit, pour la première fois, qu'il avait une patrie et s'exerça à discuter ses droits et ses intérêts. C'est dans le sein de l'assemblée politique de chaque village que s'exaltèrent ce patriotisme ardent, cette énergie frénétique, qui brisèrent les armées de l'Europe, sauvèrent le territoire, et implantèrent profondément dans le sol ces idées de liberté, d'égalité et d'amélioration que tous les efforts de la mauvaise volonté et de la mauvaise foi ne parviendront pas à déraciner.

Après quelques années d'un règne court, mais rempli de gloire et de merveilles, le peuple fut dépossédé de la toute puissance par un soldat.

Bonaparte consul, empereur, confisqua toutes nos libertés , il voulut parler seul à l'Europe : la France se tut devant lui.

Mais le despote avait peur : il voulut que l'œil de sa police pût suivre et sentir, jusque dans leurs plus secrètes réunions, les hommes qu'il redoutait.

Alors sortit tout armé de l'arsenal de la législation impériale cet article 291 avec lequel on pouvait fermer un club comme un salon, et dont l'application stricte et littérale anéantirait tous les rapports de société. Ce monstrueux article 291 qui fait consister la culpabilité, non pas dans l'intention mais dans le nombre, qui facilitant au pouvoir les moyens de tracasser vingt citoyens honnêtes, demeurerait impuissant contre une association de 19 scélérats.

Cet article manqua son but : il n'empêcha pas les conspirations, et sur les bancs de la chambre des députés, dans le conseil des ministres même nous pourrions trouver des gens, aujourd'hui partisans de ces prohibitions immorales, qui nous diraient comment alors ils se jouaient impunément de l'article 291.

Vint la restauration : elle se portait héritière de toutes les turpitudes impériales : décidée à ne céder aucune des armes que lui avaient forgées tous les despotismes, anciens ou nouveaux. Elle appliqua la loi dans toutes sa rigueur ; elle lutta obstinément contre l'esprit d'association ou plutôt elle le monopolisa en faveur de ses jésuites, qui faisaient tant de peur au naïf *Constitutionnel*. Et cependant la France se sentait en age d'être libre : tous les citoyens demandaient à s'éclairer mutuellement par la discussion publique des intérêts nationaux. La législation en refusant de satisfaire à ce besoin refoula l'opinion dans les complots. Le sol de la France fut miné de toutes parts par des associations secrètes, dont chaque ramification aboutissait à une conspiration de police qui, de temps en temps jetait bas la tête de quelques héroïques imprudens. La vérité, qu'on ne pouvait dire tout haut, fut prêchée dans l'ombre, et chaque jour une nuée formidable de pamphlets et de chansons anonymes qui pénétraient partout, accablait le gouvernement stupide qui à la fin ne pouvant enchaîner la liberté entreprit de l'assassiner.

La révolution de juillet qui nous apportait tant de libertés, nous devait au moins celle de l'association. Je n'ai pas besoin de vous dire comment alors toutes les espérances furent déçues, toutes les promesses reniées, toutes les libertés contestées. Notre présence parle assez haut. Hommes de juillet, nous sommes réduits après deux ans et demi à venir défendre en cour d'assises la dernière et la plus précieuse de nos libertés, la seule peut-être que nous crussions avoir sauvée intacte du naufrage. Nous la défendrons, mais non pas comme organes des intérêts exclusifs d'une coterie politique, car nous avons à vous demander plus que la conservation de la *Société des Amis du peuple*. C'est le droit commun, le droit de toute la France, le vôtre enfin que nous plaidons devant vous.

Ce que vous appelez *gouvernement représentatif* et qui après tout a pu exister comme transition entre les monarchies absolues du moyen age et la république où tendent les nations modernes : ce gouvernement a consacré, selon vous, la liberté d'examen et de discussion. Et en effet, le droit de rechercher les principes du gouvernement, de discuter les intérêts nationaux, de critiquer et d'incriminer les actes du pouvoir, appartient à tous et est incontestablement entré dans le domaine public. Sur la légitimité du droit en lui-même il ne s'élève pas de contestation. Mais quand il s'agit de la manière de l'exercer, c'est là qu'éclatent ces dissentimens et la mauvaise humeur des gens du roi. Ils n'ont pas traité cette question autrement que les autres, et pour la liberté de discussion comme pour la souveraineté du peuple, ils ont accordé ce principe et nié les conséquences. De là les lois restrictives de la liberté de la presse, de là les persécutions contre les sociétés politiques, la nécessité d'autorisation du gouvernement, les conditions de nombre limité, et les menaces de dissolution.

C'est qu'en effet, la presse et l'association combinant leurs efforts, sont les plus invincibles ennemis des mauvais gouvernemens ; la presse, sentinelle avancée, que le danger n'a jamais surprise endormie ; moniteur isolé dont la voix doit être recueillie par les associations politiques ; dont les doctrines doivent se compléter, s'étendre et se populariser dans le sein de ces sociétés, fortes de leur union et leur communauté de lumières. Auxiliaires l'une de l'autre, la presse et l'association avaient droit à une égale consécration de la loi. La presse au moins, elle existe; tandis que l'association persécutée clandestinement, traquée de rue en rue, d'étage en étage, est enfin aujourd'hui attaquée à mort : vous chargerez-vous de l'exécution, Messieurs les jurés? Je ne le crois pas. Vous ne voudrez pas tuer une liberté. Et quand même on en aurait fait devant vous le plus scandaleux abus, vous vous diriez encore : C'est une liberté.

Je n'ajouterai pas de plus longs développemens à la discussion générale. Vous sentirez que la liberté de l'association est une dépendance et une conséquence de la liberté de la presse ; que le citoyen qui a le droit d'écrire, a le droit de parler; et si vous accordez à la vérité le droit de se produire à cette tribune muette de la presse, vous ne voudrez pas lui refuser cette vie, cette animation, cette popularité qu'elle doit recevoir de l'agitation des sociétés politiques.

Ici M. Plocque, après quelques développemens sur l'état où la révolution de juillet trouva la France, passe à la seconde question qu'il s'est proposé de traiter. Il entreprend de démontrer que les associations politiques n'ont pas commencé la guerre contre le pouvoir, que c'est lui qui a jeté les républicains au-delà même de l'opposition, et les a forcés à se servir d'armes extra-légales et à poursuivre sans relâche une lutte qui devait sauver la révolution de juillet et la France.

La révolution de juillet, dit-il, pour les hommes livrés aux mœurs et aux habitudes aristocratiques, ce fut un accident imprévu, une rixe passagère, quelque chose comme une querelle des rues, qu'on accommode d'abord pour la punir et la flétrir ensuite.

Pour le peuple, si long-temps démissionnaire, c'était sa rentrée en fonctions, sa prise de possession d'un état social nouveau.

Pour nous, ralliés depuis long-temps par nos sympathies à la cause populaire, la révolution apparut comme une de ces grandes crises réparatrices de l'humanité; elle répondait à nos prévisions et venait satisfaire des besoins surgissant de toutes parts.

En effet, depuis long-temps toutes les ames honnêtes s'étaient élevées contre les lois odieuses qui présidaient à la répartition des lumières et des richesses. La raison publique s'indignait contre cette iniquité sociale qui, faisant aux uns une large part d'instruction, d'aisance et de bonheur, s'était appliquée sans pitié à enfermer pour toujours les autres dans un cercle douloureux d'ignorance, de privations, de travaux durs et ingrats, de misère éternelle et irrémédiable. Nous sentions tous avec désespoir que dévouer à l'abrutissement et à l'idiotisme tant d'ames pour le moins aussi fortes et aussi généreuses que les autres, c'était sacrifier à un égoïsme lâche et aveugle les plus chers intérêts de la société; que c'était combler imprudemment la mine féconde qui devait reproduire, dans un sol épuisé, les élémens précieux de la vertu et du génie, destinés à renouveler et à purifier sans cesse cet alliage impur de luxe et de misère, de vices et de talens, que l'on appelle le monde riche et éclairé.(Dans l'auditoire: très bien!)

De si criantes injustices demandaient une réparation; nous comptions sur l'avenir et, rattachant nos espérances aux souvenirs de la république qui avait poursuivi avec tant d'ardeur l'œuvre de la réhabilitation des prolétaires, nous attendions non sans impatience le jour de l'émancipation. Il fallait en effet que sous peu de temps, de gré ou de force, on se décidât enfin à donner au peuple du pain, de l'instruction et de la liberté. De l'instruction d'abord; c'était l'arme qui devait l'aider à reconquérir sa délivrance. L'instruction, c'est le premier besoin du peuple, et celui que les gouvernemens ont juré de ne jamais satisfaire. Grâces à ces institutions sociales si vantées, l'homme du peuple, fût-il doué des plus rares dons du génie, des plus sublimes vertus, faute de quelques élémens des sciences, faute de la plus modique somme, peut rester toute sa vie emprisonné dans les liens de misère et d'ignorance dont l'a garotté la société. Tous les citoyens devaient être appelés sans distinction à la jouissance commune de ce beau privilége, exclusivement dévolu jusqu'ici aux classes aisées, d'arriver à la richesse et au bonheur par la science, le travail et l'économie. Il fallait répandre l'instruction à pleines mains dans tous les coins de nos départemens, et en saturer la France. Il fallait non pas faire de nos paysans et de nos ouvriers des savans et des académiciens, mais mesurer à tous une éducation libérale proportionnée aux professions et aux capacités; afin que ces semences heureuses, distribuées avec égalité et profusion, pussent, quand elles viendraient à tomber dans une tête forte et bien organisée, y germer à l'aise et produire, aidées par la culture, les fruits si précieux mais si rares du génie militaire, scientifique ou industriel.

Avec la vie morale, il fallait au peuple l'aisance et le bien-être de la vie matérielle. Le temps était venu de le soulager de ce fardeau toujours croissant d'impôts, dont il était écrasé, et de mettre un terme à ces impitoyables exactions qui ont tari pour lui toutes les sources du travail et brisé tous les instrumens d'amélioration. Il fallait, en changeant l'assiette de l'impôt, demander désormais à la richesse les accablantes perceptions qu'on aime mieux soutirer clandestinement et sou à sou à la misère ; enfin il fallait détruire de fond en comble le monstrueux échafaudage de monopoles et de prohibitions, de lois restrictives de la liberté du commerce et de la production; surtout abolir ces odieuses lois des céréales dont les désastreux effets, combinés quelque jour avec l'inclémence des saisons, amèneront, n'en doutez pas, malgré votre habileté qui nous coûte si cher, d'effroyables bouleversemens de la propriété et du pays.

Enfin tous les prolétaires avaient le droit de réclamer et d'exiger la jouissance des droits politiques ; il avaient vu que la propriété et la richesse déjà si bien défendues par leur stabilité, et si fortes de leurs propres forces, avaient néanmoins, par surcroît de précautions, obtenu de placer au nombre des pouvoirs constitutifs de l'état, comme défenseurs et gardiens de leurs jouissances, et de leurs priviléges, deux chambres de propriétaires et de privilégiés. Et ils se demandaient si le peuple, dont les droits si faciles à méconnaitre, trouvent d'ordinaire peu de protecteurs et d'amis; si le dénuement et le besoin logiquement, ne pouvaient pas à leur tour réclamer aussi la faculté de se constituer leurs représentans, avocats de la faim, de la misère et de l'ignorance. Soupçonnant qu'un gouvernement représentatif doit représenter toutes les classes de la société, ils demandaient qu'on élargît l'étroite enceinte où nos législateurs ont parqué les capacités électorales. Ils voulaient leur chambre de députés à eux, et offraient d'exposer leurs besoins et de discuter leurs griefs à l'amiable par l'organe des mandataires choisis dans leur sein.

Que si l'on consentait à les dégager des ignobles entraves de l'ilotisme, ils s'engageaient dans leur reconnaissance à fertiliser sans relâche le sol nouveau, livré à leur culture : admis dans la cité et maitres de leur propre avenir, ils allaient centupler les forces sociales, par un travail désormais plus moral, plus éclairé et plus productif: ils se réconciliaient franchement avec la société qui les émancipait et promettaient, en retour de ce bienfait signalé, de lui rendre autant de courage et de vertus, de talens et de génie qu'en avaient produit pour la gloire éternelle de la France les beaux jours de la démocratie, il y a quarante ans.

La France put penser un instant que la révolution de juillet avait été mise dans le monde pour opérer ces merveilles, et tous les hommes simples dont la bonne foi survit à tous les enseignemens et à toutes les déceptions, tournant leurs regards vers le nouveau gouvernement, crurent à ses sympathies populaires, et attendirent de lui la réalisation de leurs espérances : elles furent déçues. Toutes les parties de la France ne savaient pas encore que nons avions un roi, et déjà les prolétaires de juillet étaient calomniés et dispersés ; jetés les uns dans les cachots, les autres sur les plages brulantes de l'Afrique. La nouvelle cour appelait dans son sein les hommes de loisir, stupides et dédaigneux fainéans, qu'un économiste ministériel a naguère dotés sans façon du nom de producteurs. On votait des millions au commerce des villes; des comptoirs d'escompte étaient établis pour faciliter les transactions de la bourgeoisie ; des capitaux énormes étaient prêté, par le gouvernement, aux financiers et aux banquiers dont il fallait acheter l'appui. Mais pour le peuple qui venait de donner son sang, rien : pas le plus petit impôt diminué, pas une obole cotée à l'instruction primaire; et cependant, du haut de la tribune nationale, les apôtres du privilége prêchaient la croisade contre les *prolétaires éloquens* et les capacités nécessiteuses ; et l'organe le plus accrédité de la presse aristocratique, jetait au pays épouvanté ce vieux cri de terreur : *Voilà les barbares !* Ces barbares étaient-ils les hordes de la coalition bivouaquant sur le Rhin, ou Nicolas et ses tartares, dégoûtans du sang de Varsovie égorgée, arrivant à franc étrier, et braquant leurs canons sur les buttes Montmartre? Non, c'étaient nos frères, nous les hommes de juillet; c'était le peuple dont le bon sens, les vertus et l'aptitude industrielle, font, malgré son abjection et sa misère, l'admiration et l'envie de l'Europe.

Dès-lors parurent dans tout leur jour les sinistres projets des nouveaux gouvernans. Il fut démontré que la cause populaire était trahie, qu'il fallait se défendre et ne plus demander qu'aux chances d'une lutte opiniâtre, les améliorations si indignement refusées. Conduits par cet instinct de l'opprimé, qui le porte à rechercher ses frères en oppression, les patriotes se réunirent pour former une phalange serrée. Gardiens des traditions sacrées de nos deux révolutions, il se promirent de combattre toute leur vie dans les rangs et pour la cause des prolétaires. Ils prirent le nom d'*Amis du peuple*, non pas qu'ils se crussent capables de remplir toutes les conditions de vertu et de courage qu'impose un si beau titre ; ils n'apportaient à leurs alliés que du dévouement et de la sympathie : pauvres, ils venaient enrichir : ignorans, ils venaient instruire ; esclaves, ils venaient réclamer l'affranchissement commun.

Voilà, messieurs, comment l'impossibilité évidente de trouver place pour des améliorations urgentes au milieu de notre constitution sociale, nous conduisit à tourner nos espérances vers un ordre nouveau qui pût reconcilier les intérêts des propriétaires et des prolétaires : qui détruisît les odieuses distinctions de classes privilégiées et de classes nécessiteuses, et constituât enfin une seule nation, forte et unie, de citoyens tous égaux en droits et en liberté, tous dotés par la patrie d'éducation, tous également admissibles, selon leur travail et leur capacité aux emplois et à la richesse.

Ainsi fut constitué le parti républicain; ainsi se formèrent de nombreuses associations politiques, qui toutes, sous des noms différens, marchaient au même but. Des hommes illustres par la science, des conspirateurs échappés aux échafauds de la restauration, des jeunes gens préparés par des études consciencieuses à la science politique, des prolétaires qui, plus heureux, avaient su dérober à l'avarice publique quelques bribes d'instruction, résolurent de se mettre en rapport direct avec le peuple; ils venaient lui apporter l'explication de sa misère, et, lui montrant le remède, faire appuyer leur voix de la sienne.

Ils venaient lui apprendre ce que devaient être une Charte et un budget populaires.

Ce noble but, après deux ans et demi d'existence, a-t-il été rempli par les sociétés populaires? Je dois, messieurs, à la vérité de convenir que non. Et comment des projets qui voulaient du calme, de l'étude, du recueillement, pouvaient-ils être poursuivis au milieu des persécutions, des procès et des condamnations? D'ailleurs la police n'aurait pas consenti à ce qu'on crût que les républicains travaillaient à quelque œuvre bonne et profitable. Ses agens se glissaient parmi nous et intervenaient dans nos délibérations. De lâches manœuvres confondaient à chaque instant l'ordre que nous voulions établir dans nos travaux. Les traîtres, les déserteurs, ne nous ont pas manqué : Faux amis que nous amenait l'ambition déçue, et qui, désappointés en voyant qu'il était question chez nous plus de liberté que de pouvoir, s'en allaient nous vendre à la police.

Si deux ans de persévérance et de persécution n'ont pas achevé une œuvre qui veut des siècles, vous croirez-vous obligés à mettre un terme à nos travaux, en prononçant par votre verdict la dissolution définitive qu'attendent nos ennemis?

Permettez-moi, messieurs, de vous soumettre encore une considération, une seule, et j'aurai fini. Quand un besoin social existe, il doit être satisfait ; quand un parti se fait le représentant désintéressé de ce besoin, il lui faut une existence avouée et publique.

Si vous voulez comprimer à son origine cette source qu'on entrevoit à peine, si vous ne vous hâtez de lui creuser un lit; irritée par la résistance, elle deviendra un torrent, qui signalera sa course par le ravage et la destruction.

Voilà le parti républicain. Et je dirai comme Napoléon dans son temps : Le parti républicain est dans le monde comme le soleil, et malheur à qui ne le voit pas.

Prenez-y garde, messieurs, tous les esprits jeunes et avides de progrès arrivent à ce parti et se précipitent à nos doctrines.

Et, je me hâte de le dire, je n'entends pas par républicains des esprits amers et violens, ignorans et jaloux, qui ne rêvent que pillage, meurtre et dévastation. C'est de ces républicains qu'il faudrait dire ce que M. Thiers disait des carlistes : « Je n'en ai jamais vu ; qui pourrait m'en montrer? » Le parti républicain veut détruire, sans doute, mais il sait qu'il faut rebâtir sur des ruines. Economie, liberté, égalité, voilà sa devise. Son œuvre sera de réhabiliter l'ordre dans la société : l'ordre dont le prétexte depuis deux ans a consacré le plus monstrueux désordre.

Laissez donc le parti républicain se constituer. Laissez-lui ses associations politiques et ses modestes tribunes où la vérité n'est pas sans écho.

Aussi bien votre opposition constitutionnelle et parlementaire ne suffit plus. Depuis deux ans quelle liberté a-t-elle conquise, quelle doctrine a-t-elle formulée? Quand on lui a demandé combien elle voulait d'électeurs, elle n'a pas su répondre : Tous les Français. Dans la discussion de la loi des céréales, elle a rejeté le peu de dispositions libérales qui s'y étaient glissées à l'insu peut-être du ministre, et l'égoïsme du grand propriétaire a fait taire la conscience du député. Elle a publié son compte rendu, qui ne rend compte de rien ; elle a revendiqué son programme de l'Hôtel-de-Ville, constitution anonyme proposée par la royauté et consentie par l'hypocrisie ; espèce de charte-conversation, que personne ne connait, et dont il ne reste plus de traces que dans la mémoire d'un homme de bien.

En présence de l'avenir des peuples, que peuvent faire de si mesquins efforts? L'opposition pourra briller dans des escarmouches de tribune, mais c'est au parti républicain, au parti jeune, qui a plus d'espérances que de souvenirs, qu'il sera enfin donné de livrer, contre les privilégiés aristocrates ou bourgeois, la grande bataille définitive qui décidera du sort de la France et du monde. (Marques d'approbation dans l'auditoire.)

Le président. Prévenu Carré?

Carré. Le dernier inscrit sur la liste, je tâcherai de résumer en peu de mots les défenses de mes collègues.

DÉFENSE DU CITOYEN CARRÉ.

Messieurs les jurés,

Sous l'empire de la *Charte-vérité*, et que nous seuls peut-être savions fort bien n'être qu'une nouvelle déception monarchique, nous avons vu tomber la liberté individuelle devant l'état de siége et les commissions militaires, la liberté d'écrire devant les lois fiscales et oppressives de la restauration, la liberté du théâtre

sous le bon plaisir d'un ministre....,. Mais dans ce siècle
d'examen et de progrès tout se tient et s'enchaîne; que le peuple
conserve un seul de ses droits et bientôt il aura reconquis ceux
dont on l'aura privé par fraude ou par violence. La liberté d'association devait donc avoir son tour, et c'est à vous, messieurs les
jurés, que le pouvoir s'adresse pour nous enlever cette dernière
garantie.

Quoi qu'il en soit, j'ai l'espoir bien fondé que *nos maîtres* vous
ont mal jugés, en essayant de vous associer à leur œuvre d'asservissement. Vous pouvez, sans doute, ne pas complètement partager
nos convictions politiques, mais, hommes de cœur et de probité,
vous auriez laissé à la porte vos opinions si elles pouvaient nous
être défavorables.

Je ne ravalerai pas notre cause aux misérables questions d'ar-
gent; j'ai ici à défendre et vous avez à consacrer une des plus
hautes questions de l'ordre social: celle de savoir si les citoyens
ont le droit de s'associer pour aviser aux moyens d'améliorer leur
condition civile, morale et politique, car il s'agit de tout cela
dans le fameux art. 291.

J'aurai donc à examiner devant vous :

Si, le droit d'association étant un droit naturel, le législateur
a pu valablement en priver les citoyens;

Si, ce droit ayant été consacré par la déclaration des droits
qui précède la constitution de 1791, un article de loi a pu rappor-
ter une disposition de cette constitution qu'aucune de celles qui
l'ont suivie n'a rapporté ou modifié;

Hommes de bonne foi, vous serez bientôt d'accord avec nous,
en effet:

Le droit d'association remonte à l'origine des sociétés; chacun
reconnaissant alors son impuissance individuelle, il fallut, pour
vivre moins malheureux, mettre en commun ses forces physiques
et intellectuelles, et je ne sache pas qu'à cette époque aucun pouvoir eût à réglementer les conditions de la grande association humaine.

De ce principe il faut bien déduire toutes les conséquences et
reconnaître que si les hommes eurent le droit primitif de s'associer, aucun pouvoir n'eut celui de les individualiser de nouveau
et de leur faire perdre le fruit de leurs travaux communs. Les pouvoirs d'ailleurs, ce furent les citoyens qui les établirent à leur
profit et non pour leur nuire, et si l'histoire philosophique du
monde nous montre trop souvent les gouvernans faussant leur
origine et employant contre leurs gouvernés la force que ceux-ci
leur avaient confiée, ce fut de leur part une odieuse usurpation,
mais non un acte de la libre volonté des opprimés. Ceux-ci surtout se gardèrent bien de renoncer au droit d'association que leur
faiblesse individuelle leur avait rendu nécessaire, car autrement,
chacun se trouvant isolé en face d'un pouvoir organisé, toute résistance à l'oppression devenait impossible ; et en vérité, pour
qu'un peuple se réduise volontairement à l'esclavage, il faudrait
qu'il fût en démence, et vous savez que les aliénés ne peuvent
disposer valablement.

Si les sociétés se forment en conséquence du droit naturel d'association, ce droit aussi est le principe qui les conserve... Hommes ingrats, qui nous appelez désorganisateurs, dites-nous de bonne foi s'il est un corps social qui eût pu résister à l'action dissolvante de notre époque, si nous n'eussions mis en commun nos forces, nos intelligences, nos travaux, nos fortunes pour reconstituer enfin cette société vieillie qui s'écroulait de toutes parts, divisée qu'elle était sur le but qu'elle se proposait, sans direction morale, abandonnée de ses chefs, et semblable au vaisseau battu de la tempête, et que son pilote déserterait au plus fort du danger?

Non, messieurs, nul ici n'oserait nier ce que j'avance, car notre France, ce levier puissant de la civilisation du monde, en est l'exemple le plus frappant... Après avoir abattu, il y a quarante ans, tout ce qui constituait l'édifice social, gouvernement, lois politiques civiles et religieuses, croyances et priviléges, il fallait bien exister. A qui croyez-vous devoir cette admirable énergie qui suppléa pendant cinq années toute une organisation sociale, qui vous sauva de l'ignominie de subir le joug honteux de l'étranger, la honte du démembrement, et à l'intérieur la servitude, pour des Français cent fois pire que la mort? A qui, messieurs? A ces associations formidables qui couvrirent en un instant le sol de la patrie et frappèrent, quoi qu'on dise, le monde d'épouvante et d'admiration. On peut approuver ou blâmer les moyens des sociétés d'alors, soit; mais, pour mon compte, je dois le dire, en politique je ne suis frappé que des résultats.

Plus tard un soldat heureux vint confisquer à son profit tous les droits, toutes les libertés du pays; il n'entre pas dans mon sujet de vous faire connaître comment nos pères, qui voulaient donner la liberté au monde, se courbèrent sous son joug de plomb; mais, si vous voulez bien y réfléchir, vous trouverez peut-être que le despotisme de cet homme provient d'une réaction semblable à celle qui travaille aujourd'hui une partie de notre société, et surtout parce qu'il sut habilement isoler les hommes.—Divisez pour régner.

Son code draconien de 1810, vint compléter l'œuvre de notre asservissement; le trône c'était lui, la nation encore lui; il était l'homme nécessaire, l'homme de la Providence; ainsi ont dit beaucoup d'autres depuis. Eux et leur dynastie avant tout, le peuple ensuite, aussi cet homme concentra-t-il en ses mains tous les droits, toutes les forces et toutes les libertés des Français; il était fort du moins pour les retenir.

Après lui vinrent d'autres hommes. Lâches et débiles tyrans, ils voulurent se servir des armes d'Achille et furent écrasés sous leur poids.

A ceux-ci d'autres succédèrent encore : à leur tour ils veulent manier l'arme de 1810; mais qu'ils y prennent garde, elle est trop lourde aussi pour leurs bras énervés; d'ailleurs la victoire du peuple l'a singulièrement émoussée, elle n'est plus bonne pour l'attaque ni pour la défense, et c'est ici, c'est dans ce champ clos où il nous a appelés, que nous allons l'arracher de ses mains.

N'est-il pas odieux et absurde en effet, tout à la fois, qu'après le pas immense que devaient faire les idées de liberté; après juillet 1830, on ose invoquer dans le temple de la justice l'article 291? Quoi! cet article brutal qui détermine que nulle association de plus de vingt personnes ne pourra s'établir que de l'agrément de l'autorité sous les conditions qu'il lui *plaira* d'imposer? En vérité, messieurs, si mon honorable ami Cavaignac n'avait flétri si éloquemment cette ignoble arbitraire, je vous ferais connaître ici l'indignation qui m'oppresse; mais je craindrais d'affaiblir vos impressions en voulant le reproduire; je vous laisse vos souvenirs tout entiers.

Messieurs, il me reste à vous soumettre une dernière observation: les législateurs de 1791 ont proclamé, dans leur célèbre déclaration des droits, le droit imprescriptible de se réunir et de s'assembler pour s'occuper des affaires du pays; ils le firent à une époque solennelle de notre histoire, celle où le peuple assemblé donna mission à ses représentans de lui faire une constitution.

Nulle de celles qui suivirent, pas même celle si abusive de l'an VIII, ne contestèrent ce droit sacré. Admettrez vous que les muets de l'empire ont pu enlever à la nation française, par un article de loi, un droit constitutionnel? Non, je ne crains pas de vous un pareil anachronisme; ce serait accorder le droit d'anéantir votre Charte par une loi, et c'est très certainement ce que vous n'entendez pas. Vous êtes peuple comme nous, et vous ne riverez pas les fers qu'on voudrait vous donner.

Messieurs, l'institution du jury est la plus précieuse conquête des temps modernes; juges du fait et de sa moralité tout à la fois, les jurés sont appelés à réformer la législation du pays quand elle est vicieuse; ils forment en quelque sorte le premier degré de révision des lois, la plus forte garantie de la tranquillité des peuples; car les révolutions ne viennent que de leur haine pour les institutions qui les régissent lorsqu'elles ne sont plus en harmonie avec leurs mœurs et leurs besoins. Vous réformerez donc l'odieuse législation de l'empire ou vous la déclarerez abolie.

Pénétrés de nos devoirs comme citoyens, nous avons dû défendre le droit d'association; le pouvoir l'attaquait, il nous a trouvés sur la brèche. Sans doute il y a peu à gagner dans nos luttes perpétuelles contre lui, mais où serait le mérite des patriotes s'ils avaient gloire et profit à la fois?

Profondément convaincus de la justice de notre cause et de son triomphe prochain, nous l'avons défendue avec la modération qui convient à la force, car la force est dans l'avenir et l'avenir est à nous. Peut-être un jour ceux qui nous poursuivent avec tant d'acharnement, à l'abri des réactions révolutionnaires par les garanties qu'ils devront à notre courageuse persévérance, nous rendront-ils grâce d'avoir fait qu'en France il n'y ait plus ni bourreaux, ni victimes des passions politiques, ni oppresseurs ni opprimés; c'est là toute la vengeance que je désire tirer de leurs persécutions. (Assentiment marqué. Mouvement approbatif.)

MM. *Landrin, Dupont, Boussi et Rebel*, défenseurs des prévenus, jugeant la question suffisamment éclaircie, déclarent renoncer à la parole.

Le président, après avoir successivement demandé aux prévenus s'ils ont quelque chose à ajouter, et l'avocat-général ne *répliquant* pas, prononce la clôture des débats. Il résume les charges de l'accusation, les moyens du réquisitoire, les défenses des prévenus et pose au jury trois questions ainsi conçues :

1• A-t-il existé en 1831 et 1832 une association dite des *Amis du Peuple*, se réunissant au nombre de plus de vingt personnes, et à certain jours marqués, pour s'occuper d'objets politiques?

2o Cette association avait-elle lieu sans l'autorisation du gouvernement?

3o Les prévenus Sugier, Rittiez, Caunes, Berrié-Fontaine, Cavaignac, Gabourg, Desjardins, Félix Avril, Gaussuron Despréaux, Delamarre, Plagniol, Ploque et Carré, sont-ils coupables?

Le président fait observer à MM. les jurés que dans le cas où ils croiraient devoir répondre négativement sur quelque partie de la première question, ils auront à le faire connaître ; comme aussi qu'ils auront à désigner par leurs noms ceux des prévenus qui leur paraîtront coupables, quoique l'accusation ait été abandonnée à l'égard de plusieurs d'entre eux.

Il est dix heures et demie du soir quand les jurés entrent dans la salle de leurs délibérations.

DÉCLARATION DU JURY, ARRÊT DE LA COUR.

A onze heures et quart les jurés rentrent dans la salle d'audience.

M. Fenet, chef du jury, donne lecture de la déclaration en ces termes: (Profond silence, anxiété dans l'auditoire.)

D. Y a-t-il eu association, etc., se réunissant au nombre de plus de vingt personnes, à certains jours marqués, pour s'occuper d'objets politiques?— R. *Oui*.

D. A-t-elle eu lieu sans l'autorisation du gouvernement?—R. *Oui*.

D. Les prévenus sont-ils coupables? — R. NON, *à l'égard de tous les prévenus*. (Vive sensation. Des applaudissemens et des bravos, accompagnés des cris : *Vive le jury !* éclatent de toutes parts. Les prévenus se lèvent spontanément et parlent entre eux avec chaleur.)

Le président prononce l'acquittement de tous les prévenus ; il demande ensuite à l'avocat-général s'il n'a point de réquisitoire à faire sur la déclaration du jury.

Les accusés en masse. Tout est fini, tout est jugé; la société est absoute puisque nous sommes acquittés. Quevoulez-vous encore juger?

Le président. Accusés, vous n'avez pas la parole. Retirez-vous de l'audience.

M. Fenet, chef du jury. Il y a ici un quiproquo bien étrange. La cour veut statuer sur....

Le président. Le jury n'a pas la parole.

M. Fenet. J'insiste cependant, car j'ai mission pour cela de la part de tous mes collègues. Ils m'ont chargé *en masse* de dire qu'ils auraient voulu avoir à décider si le fait d'association au-dessus de vingt personnes est coupable ou non et qu'ils sont étonnés que cette question n'ait pas été posée. (Marques d'impatience de la part de la cour. Profonde attention de la part de l'auditoire.)

C'est donc solennellement, au nom du jury, que je déclare ici qu'il a jugé dans sa conscience le fait d'association non coupable, et qu'il n'a entendu incriminer en rien *la Société des Amis du Peuple.* (Les applaudissemens éclatent de toutes parts.)

Les prévenus. L'article 291 est à bas!

Le président, avec vivacité: Le jury ne doit rien ajouter à la déclaration. M. l'avocat-général a la parole.

Les prévenus. Que voulez-vous qu'il dise quand le pays s'est prononcé!

M. Tardif requiert la dissolution de la société, comme s'étant réunie sans l'agrément du gouvernemeut.

MM. Landrin et Dupont, avocats des prévenus: La dissolution quand ses membres ne sont pas coupables ! Vous voulez prononcer un arrêt en contradiction avec la déclaration du jury ? Nous demandons la parole !

Le président. Les avocats n'ont pas la parole. La cour va délibérer si elle doit leur être accordée.

Les accusés en masse , les avocats, et l'auditoire. — Retirons-nous, le procès est jugé. (Gabour et Caunes, qui sont détenus, restent auprès des gendarmes.)

M. Dupont. Nous sortons, car tout est jugé.

M Boussi. Nous ferions offense au jury en persistant.

Gaussuron Despréaux, à l'auditoire. Citoyens ! le droit d'association est reconnu, et l'audience est finie. (Mouvement de départ.)

La cour se retire. Les avocats et les prévenus ont quitté leurs bancs. La plupart des jurés ont déjà quitté leurs siéges. L'agitation est à son comble; le public vide la salle, et l'on voit les sergens de ville et les gardes municipaux élever des conflits avec les personnes qui s'en vont; ils en saisissent quelques unes et poussent brutalement les autres. Carré, Cavaignac, Gaussuron-Despréaux, Avril et les défenseurs s'approchent des jurés et leur parlent avec vivacité. Carré demande à ceux qui sont restés à leurs places s'ils resteront là pour tendre la joue au soufflet que veut leur donner la cour? Tous abandonnent l'audience.

Plusieurs prévenus. S'ils ne veulent plus du jury, qu'ils le disent.

Un juré, à haute voix. Le jury embarrasse; on n'en veut plus !

La salle est déserte quand la cour rentre au bout d'un quart d'heure.

Le président. La cour est disposée à entendre les prévenus ou leurs défenseurs, sur la question de savoir s'il y a lieu de prononcer la dissolution de la *Société des Amis du Peuple.* (Profond silence.)

Le président avise Gabour et Caunes qui sont restés dans la tribune sous la garde des gendarmes, qu'ils ont la parole.

Gabour. Je ne suis pas libre ici, vous le voyez, sans cela je serais parti avec tous mes amis, à qui vous avez vous-même enjoint de se retirer. La cour n'a plus rien à faire; personne ici n'a le droit de nous juger, nous ni notre Société, quand le jury nous a acquittés.

Il est minuit. La cour, après un délibéré d'une minute, prononce la dissolution de la *Société des Amis du Peuple.* Statuant ensuite sur les prévenus absens de Paris, elle condamne par défaut Raspail à 50 fr. d'amende, comme ayant présidé une association non autorisée, et acquitte les autres défaillans.

Des groupes nombreux et animés circulent dans les galeries du palais jusqu'à la fermeture des portes.

N. B. On lisait dans plusieurs journaux, vers la fin de décembre :

« On nous apprend que la Société des Amis du Peuple n'a pas voulu se pourvoir contre l'arrêt de la cour d'assises qui a prononcé sa dissolution tout en acquittant ses membres. Elle a considéré son existence comme plus que suffisamment autorisée par la sentence du jury, qui a reconnu le droit d'association, et elle a pensé que, en appeler devant un autre tribunal d'un jugement contraire à celui du pays, c'eût été élever des doutes sur la souveraineté de ses décisions. »

Le verdict qui a acquitté le droit d'association politique, en attendant qu'une loi en harmonie avec nos besoins actuels vienne en consacrer le principe, a pris un caractère d'autant plus grave et plus solennel en cette occasion, que le jury qui l'a prononcé, com—

posé d'hommes éclairés et avantageusement posés dans la société, était encore présidé par un légiste distingué du barreau de Paris.

Cette unanimité sur une question aussi capitale, et en connaissance complète et parfaite de cause, ne pouvait manquer de produire une sensation profonde, car il est dans la nature de notre belle et généreuse France, de s'attacher immédiatement, et pour ainsi dire par acclamation, à quiconque placé sur la route des évènemens, résume et concentre tout-à-coup dans ses actes les opinions et les besoins de cette même France, si souvent ajournés, si imprudemment méconnus. C'est ce que nous paraît surtout avoir compris le jury du 15 décembre, et dont se devraient bien pénétrer tous les hommes préposés à l'exposition et l'expression des intérêts du pays.